KB019796

손 병장은
어떻게 군대에서
2000만 원을
벌었을까?

입대 전 무조건 읽어야 할 군대사용설명서

손 병장은 어떻게
군대에서 2000만 원을 벌었을까?

초판 1쇄 인쇄 2019년 3월 13일
초판 1쇄 발행 2019년 3월 18일

지은이 손유섭

발행인 백유미 조영석
발행처 (주)라온아시아
주소 서울특별시 서초구 효령로 34길 4, 프린스효령빌딩 5F

등록 2016년 7월 5일 제 2016-000141호
전화 070-7600-8230 **팩스** 070-4754-2473

값 14,000원
ISBN 979-11-89089-72-6 (03320)

※ 라온북은 (주)라온아시아의 퍼스널 브랜드입니다.
※ 이 책은 저작권법에 따라 보호받는 저작물이므로 무단전재 및 복제를 금합니다.
※ 잘못된 책은 구입하신 서점에서 바꾸어 드립니다.

라온북은 독자 여러분의 소중한 원고를 기다리고 있습니다. (raonbook@raonasia.co.kr)

입대 전 무조건 읽어야 할 군대사용설명서

손 병장은

어떻게 군대에서

2000만 원을

벌었을까?

| 손유섭 지음 |

RAON
BOOK

슬기로운 군 생활을 위한 '군대사용설명서'

남자들은 저마다 제각각 다양한 이유와 배경으로 군대에 간다. 대학에 입학하고 1년 동안 미친 듯이 놀다 도피처 삼아 가거나, 취직해서 직장을 다니다가 더 이상 늦추면 안 되겠다고 생각해서 급작스레 결정해 가거나, 열심히 자신의 삶을 개척하며 삶의 계획표대로 살다가 갑자기 영장이 날아오는 바람에 끌려가거나…….

나는 군 입대를 앞둔 그들이 어떤 배경을 가졌든 이렇게 말하고 싶다.

"어차피 가야 하는 군대입니다. 쫄 것 없습니다. 군대를 사용하십시오. 써먹으십시오. 자기 하기 나름입니다. 군부대도 얼마든지 기회의 땅으로 만들 수 있습니다."

나는 입대하기 전 방황하며 많은 시간을 흘려보냈다. 뒤늦게 정신을 차렸을 때는 20대가 훌쩍 넘어 있었고, 남들보다 늦게 출발했다는 생각에 발등에 불이 떨어진 것처럼 초조해하며 성급한 삶을 살았다. 남들과 끊임없이 비교하는 데 시간을 썼으며 지금 나의 환경에서는 어떤 좋은 기회도 생기지 않을 것이라고 속단했다. 하지만 군대를 다녀온 현재 내 인생은 180도 바뀌었다. 이제는 더 이상 초조해하지도, 성급해하지도 않는다. 더 이상 남들과 비교하지도 않는다. 어떤 열악한 환경 속에서도 그 환경을 기회의 땅으로 바꿀 수 있는 정신력과 지혜를 갖추게 되었기 때문이다.

나의 변화는 무엇 때문이었을까? 나는 어떻게 이런 변화를 맞이할 수 있었을까? 나는 이 모든 공을 군대를 잘 '사용'한 덕으로 돌리고 싶다.

우리 집은 어릴 적부터 가난했다. 생활고에 떠밀려 이사를 자주 다닌 탓에 초등학교만 네 군데를 다녔다. 아마 초등학교 동창회는 영영 못 갈 것 같다. 그런데 우리 집에는 가난보다 더 큰 문제가 있었다. 부모님의 부재였다. 사업으로 늘 바빴던 아버지는 수십 번이나 업종을 바꾸셨다. 아버지 사업이 어려워지자 간호사로 일하셨던 어머니는 일을 그만두고 아버지 일을 도왔다. 그 때문에 나와 두 살 터울인 어린 여동생은 늘 뒷전이었다. 학교를 마치고 돌아온 집은 항상 텅 비어 있었다. 늘 혼자였다.

혼자 할 수 있는 것은 별로 없었다. 그저 TV만 미친 듯이 봤다.

나는 초등학교 다음이 중학교고 중학교 다음이 고등학교고 고등학교 다음에는 대학교가 있다는 것도 인식하지 않은 채 살았다. 나의 10대는 그 누구보다 수동적이었다. 남들이 사는 대로, 주어진 환경대로 흘러가듯 살았다. 그 시절 나는, '나는 변할 수 없어. 인간은 쉽게 변하지 않아. 내 환경과 주변을 봐. 이미 시작해도 늦었어' 하며 내 삶을 변화시키려는 생각조차 떠올리지 못했다.

그래도 내가 잘한 것이 하나 있었다. 아주 사소한 일이라도 내게 주어지면 그 일만큼은 확실하게 완수했다. '내가 할 수 있는 것은 별로 없으니 이런 거라도 잘해야지' 하는 생각이 강했다. 지금도 생생하게 기억나는 고등학교 시절의 장면이 있다.

어느 날 복도에서 만난 담임 선생님께서 복도가 더럽다며 청소를 시키셨다. '곧 수업 종이 칠 예정이라서 청소를 하면 얼마 쉬지도 못할 텐데⋯⋯' 하며 불평하려 했지만 이미 선생님께서는 나에게 지시를 내린 뒤였고 결국 나 혼자 할 수밖에 없는 상황이었다. 반에서 그렇게 눈에 띄던 학생도 아니었기에 나는 그저 '이왕 선생님이 시키신 일, 제대로 하고 빨리 끝내자' 하며 청소를 시작했다. 우리 반 앞 복도만 하려다 옆 반 앞 복도도 더러워 보이기에 옆 반 복도까지 모두 쓸었다. 그렇게 모은 쓰레기를 버리려고 교실 뒤쪽에 있는 쓰레기통에 갔는데, 교실도 더러워 보이는 게 아닌가. '아, 이왕 하는 거 교실까지 하자' 하며 교실 바닥을 쓸고 내친김에 물걸레질까지 했다.

그렇게 하고 나니 쉬는 시간이 끝나버렸고 교복은 땀으로 젖어버렸다. 쉬지도 못한 채 다음 수업을 준비해야만 했다. 마침 내게 청소를 시킨 담임 선생님께서는 내가 요령을 피울 것을 예상하고는 교실로 감시하러 왔다가 내가 미친 듯이 청소하는 모습을 인상 깊게 보셨나 보다. 그 뒤로 나를 눈여겨보셨고, 그 일을 계기로 나는 반장이 아닌데도 졸업식날 반장에게만 수여되는 표창장을 받았다. 선생님이 학교장에게 건의한 덕분이었다. 졸업식에서 표창장을 받은 사람은 졸업생 중 10명뿐이었다.

그 사건을 시작으로 나는 사소한 일상생활에서도 그 같은 습관들을 쌓아나갔다. '나는 잘하는 것이 없으니 나에게 주어진 환경에서 사소한 것이나 누가 시키는 일이 있으면 제대로 해보자'는 생각을 늘 가슴속 깊이 새기며 살았다. 그 습관은 현재 군대를 기회의 땅으로 바꿀 수 있게 해준 좋은 밑거름이 되었다.

이왕 해야 한다면 '최고'가 되거나 '최초'가 되자. 주어진 일에 최선을 다하자! 이것이 내 신념이며, 군 복무를 하면서 마음속으로 수십 번 수천 번 새긴 말이다.

청소를 해야 한다면 돈을 받고 일하는 청소부처럼, 알바를 해야 한다면 그 가게 주인처럼, 누군가 도움을 청한다면 간, 쓸개 목숨까지 내놓아줄 정도로 하는 것이 내 신념이 되었다. 이왕 시작한 일이면 끝장을 보는 기질을 가지자! 나는 사소했던 그 일을 계기로 자신감을 얻어 공부를 시작했고, 대학 진학이 불가능하던 상황에서 원하는 대학과 학과에 진학할 수 있게 되었다.

나는 내가 하고 싶은 환경이든 하기 싫은 환경이든 내게 주어진 환경이라면 감사히 그 환경을 인정하고 받아들인다. 그리고 내가 그 환경에서 '최고'로, '최초'로 할 수 있는 일이 무엇인지 생각한다. 그리고 미친 듯이 그 일을 해버린다. 그 힘의 정점을 나는 군대에서 찍었다. 정말 가기 싫었던 군대에서 나는 인생의 준비를 끝냈다. 나는 지금도 이렇게 이야기한다.

"나는 실수로 군대에서 터닝 포인트를 만났다."

이 모든 것이 주어진 환경에 내가 지배당하지 않고 오히려 주도권을 잡고 내가 환경을 지배했기 때문이라고 생각한다. 나는 군대를 사용하는 수준까지 올랐으니까.

당신이 빡센 부대를 가게 되든 꿀 부대를 가게 되든 상관없다. 그저 그 환경을 인정하고 그 환경을 지배해버리면 된다. 그곳에서 군대에 말뚝 박을 것처럼, 간부들이 당신에게 직업군인을 하라고 애걸복걸할 정도로 해버리자. "넌 무조건 직업군인 해야겠다. 천직이야" 하는 소리는 듣고 전역할 것을 결심하자.

우리에겐 충분히 나라를 지키며 자신의 성장에 투자할 권리가 있다. 현역으로 입대할 남자라면 누구나 인생의 2퍼센트를 군에서 보내게 된다. 이왕, 어차피, 어쩔 수 없이 가야 한다면 아무리 한숨을 쉬며 원망해도 환경을 바꿀 수 없다. 바꿀 수 있는 것은 오직 당신의 마음뿐이다.

군대를 기회의 땅으로 만들 수 있는 사람이라면 나는 단언컨대, 이 시대 최대의 불황과 위기라 불리는 지금의 사회에 나와서도 무조건 성공할 수밖에 없는 인물이 되리라고 장담한다.

당신은 어떻게 군대를 사용할 것인가? 아니, 군대를 사용할 것인가, 지배당할 것인가?

결정은 전적으로 당신 손에 달렸다.

목차

CHAPTER 1
입대 전 무조건 알아야 할 여섯 가지

CHAPTER 2
군대 계급별 적응법

CHAPTER 3
극한 상황별 적응법

CHAPTER 4
군대에서 무조건 인정받는 비법

CHAPTER 5
군대 자기계발 비법

CHAPTER 6
군대 전역 후 미래 준비

CHAPTER 1

입대 전

무조건 알아야 할

여섯 가지

★ ★ ★
당신은 어떤 군 생활을
원하는가?

"인생은 인생을 가르칠 수 없다."

존경하는 목사님께서 해주신 말씀이다. 남녀노소 그 누가 되었
든 인생을 산 기간이 길고 짧을 뿐이지, 사람들은 모두 난생처음으
로 인생을 산다. 그렇기에 서로가 서로에게 참고가 될 뿐 누군가
가 '신'의 지위에서 '인생은 이렇게 살아야 한다'라며 정답을 제시
하고 가르칠 수 없다.

군대도 마찬가지다. 신이 아닌 이상 그 누구도 당신의 군 생활
이 이럴 것이다, 저럴 것이다, 왈가불가할 수 없다. 그저 참고만 될
뿐이다. 따라서 내가 쓰는 이 책 또한 군 생활은 무조건 이렇게 해
야 한다고 가르치기 위한 것이 아니다. 60여만 명의 국군 중 손유

섭이라는 사람은 "군 생활을 이렇게 해봤더니 좋았습니다. 이렇게 군 생활을 할 수도 있습니다" 하고 참고를 해보는 게 어떻겠냐는 마음으로 쓴 책일 뿐이다.

만약 당신이 군대를 다녀오지 않았다면 당연히 미필자가 아닌 군필자에게 조언을 구하지 않겠는가? 2018년 7월 국방부는 '국방개혁 2.0'에 따라 2022년까지 병력을 50만 명으로 김축하고 병사 복무기간 3개월을 단축하는 방안을 발표했다. 군대도 이제 많은 변화를 맞이하고 있다. 이 변화의 과도기를 느끼며 군대를 적응해 온 나의 이야기를 들어주길 바란다. 당신에게도 처음인 군 생활에 이 책이 좋은 참고 자료가 되었으면 좋겠다. 진심이다.

나는 어떤 군 생활을 하게 될까?

군 입대를 앞둔 남자라면 이 생각을 꼭 하게 된다. 그러나 사실 당신이 어떤 군 생활을 하게 될지는 아무도 모른다. 나도 모른다. 군대를 이미 갔다 온 지인이나 가 있는 친구들의 이야기를 백날 들어도 그들 또한 당신이 어떤 군 생활을 하게 될지 모른다. 육군만 해도 약 60만 명이 있으며, 그들이 맡은 일은 제각기 다 다르다. 지금껏 당신이 들은 군 생활 이야기가 있다면 약 60만분의 1에 해당하는 이야기인 것이다.

사람은 저마다 자신이 겪은 경험의 범위 안에서만 알려줄 수 있을 뿐이다. 앞에서 이야기했듯이 나는 이 책을 통해 '당신의 군생활은 이렇게 하면 잘될 것입니다' 하고 마치 하나의 정답을 알려주려는 것이 절대 아니다. 그저 군대를 이렇게 사용한 사람도 있다는 것을 알려주고 싶었고, 군대를 부정적으로만 바라보았던 이전의 나와 같은 마음인 이들에게 조금이나마 좋은 영향을 주고 싶은 마음이 크다.

나의 군 생활은 도끼의 날을 가는 시간이었다. 조금 더 풀어 설명해보겠다. 에이브러햄 링컨은 "내게 나무를 벨 여덟 시간이 주어진다면, 그 여섯 시간 동안은 도끼의 날을 갈겠다"라고 말했다.

도끼의 날을 간다는 말은 어떠한 목표를 이루기 위해 준비를 한다는 의미다. 자신을 수련하는 시간을 말한다. 학문을 깊이 공부한다든지 독서를 한다든지 명상을 한다든지, 남들에게 티가 안 날 수도 있지만 혼자서 자신의 내실과 능력을 다지는 시간을 보낸다는 이야기다. 큰 나무를 베고 싶을수록 도끼의 날을 가는 시간을 충분히 가져야 한다.

돌이켜보니 입대 전 나는 수많은 나무를 베기 위한 삶을 살았던 것 같다. 준비 없이 좋은 기회만 잡기를 원했고, 잘되기만을 바랐다. 내실도 없이 능력도 기르지 않은 채 갈려 있지도 않은 나의 도끼는 나무를 베기는커녕 홈집 정도만 내는 정도였다. 나는 인생 100년 중 약 2년, 군에서 보내는 2퍼센트의 시간을 내 인생이라는 나무를 베기 위한 '도끼의 날'을 가는 시간으로 갖기로 했다.

군대의 시간은 미래를 위해 성장하는 시간

나는 전역 후의 인생을 위해 군대에 있는 시간을 내실을 다지는 시간, 수련하는 시간으로 보내기로 마음먹었다. 그렇게 생각하니 처음으로 21개월이라는 시간이 짧게 느껴지기 시작했다. '어떻게 21개월 동안 군대에 있지?' 하던 생각에서 '과연 내가 전역 후의 인생을 위해 단 21개월을 가지고 도끼의 날을 예리하게 갈 수 있을까?' 하는 생각으로 바뀐 것이다. 심지어 21개월이 도끼의 날을 갈기에는 턱없이 짧게도 느껴졌다. 그래서 전문 하사에 지원해 군 복무를 6개월 더 해볼까 진지하게 간부님과 상담을 하기도 했다.

그러던 어느 날 도서관에서 책 한 권을 읽었다. 제목도 거창한 《나는 세상의 모든 것을 군대에서 배웠다》라는 책이었다. 당시 이 책을 펼쳤을 때 책장이 떨어지며 "찌저저~억" 하는 소리가 났다. 이 소리는 '군대를 사회와의 단절로 바라보는 시선을 나만 가지고 있었던 것은 아니구나' 하는 생각이 들게 했다. 책은 오랜 시간 동안 펼쳐본 사람 없이 묵혀 있던 것처럼 보였다. 아마 내가 다섯 손가락 안에 드는 이 책의 독자였을 것이다.

하지만 이 책은 책장을 여는 순간부터 술술 읽혔다. 왜일까? 내게 신선한 자극을 주었기 때문이다. 책은 군대 안에서 도끼의 날을 정말 예리하게 갈고 사회에 나간 사람들의 이야기를 소개하고 있었다. 창업하기 위해 관련 자격증을 포함해 여덟 개의 자격증과 세 개의 특허 출원을 한 사람, 학교 복학을 위해 군대에서 100만

원을 투자해 250만 원을 모아 학비를 마련한 사람, 좋은 대학교에 진학하기 위해 수능 공부를 해서 서울대학교에 입학한 사람, 공무원이 되기 위해 고시 1차, 2차를 다 붙어버린 사람……. 그 순간 내 머릿속에서는 군대 가기 전 몸 건강하게 무사히만 다녀오라는 말이 사라졌다.

'자격증 여덟 개? 특허 출원 세 개? 서울대학교 합격이라고? 참 어이가 없네.'

나도 한다! 오기가 생겼다.

'조금만 기다려라 세상아, 그 어떤 도끼보다 예리한 도끼를 들고 나갈 테니.'

21개월은 무언가를 준비하기에는 짧기만 한 시간이라고 느껴졌다. 그 뒤로 나는 계급별 목표를 정하고, 도끼의 날을 가는 시간을 가지기 시작했다.

오다 에이치로의 만화를 원작으로 한 애니메이션 〈원피스〉에는 해적왕을 꿈꾸는 주인공 소년 루피가 등장한다. 루피는 어느 사건을 계기로 자신이 강하지 못함을 깨닫고 수련의 시간을 보내기로 한다. 그는 동료들과 흩어져서 2년 동안 거대한 동물들이 사는 섬에 들어가 스승과 미친 듯이 수련한다. 그러고는 2년의 수련 끝에 성장한 모습으로 동료들을 다시 만난다. 다시 시작된 모험에서 루피는 전 세계에 '루피'라는 이름을 모르는 사람이 없을 정도로 이름을 떨치게 된다.

나 또한 군대에서 나의 부족함을 깨달았다. 그리고 군대에서 수련을 했다. 제약된 환경, 정해진 생활 패턴, 만날 수 있는 사람의 한계 등 군대의 수련은 이 모든 것을 감수하며 진행된다. 나에게는 강사, 작가, 상담, 사업이라는 목표가 있었고, 그에 맞는 준비를 생각했다. 사람들과 함께하는 일을 많이 하게 될 것 같아 상담 자격증 두 개를 취득한 후 200명 정도를 상담했다. 그리고 강사가 되기 위해 책 출간을 준비하며 이 글을 쓰고 있으며, 비즈니스 관련 도서를 독파했다.

20대인 우리는 아직 어리다. 약하다. 성장이 필요하다. 우리는 루피처럼 미친 듯이 수련해야 한다. 성장해야 한다. 거대한 동물들이 사는 섬처럼 우리도 '군대'라는 곳에 있다. 나는 '도끼의 날을 가는 준비하는 생활'이야말로 최고의 군 생활이라 믿는다. 이제 얼마 안 있으면 나도 세상으로 나가게 된다. 예리하게 갈아본 이 도끼가 얼마나 예리해졌는지 나 자신도 기대가 된다. 와라, 세상아. 한판 붙자. 이것이 내 군 생활이다.

★ ★ ★

입대 전 당신이 무조건
준비해야 할 한 가지

"군대?! 남자면 그냥 갔다 오는 거지! 뭐 별거 있겠냐."

입대를 앞두고 주변 지인들에게 태연하게 말하면서도 정작 입대를 앞둔 당사자들은 집에서 남몰래 '군대 잘 갔다 오는 법', '군대 준비물' 등을 검색하는 모습은 비단 나만의 모습은 아닐 것이다. 난생 처음 가는 군대이니만큼 걱정이 되는 마음은 누구나 같을 것이다. 입대 전 우리는 무엇을 준비해야 할까?

결론부터 이야기하자면 머리 밀고, 전자시계 하나 딱! 차고 가면 입대 준비 끝이다. 물집 방지 패드, 라이트펜, 스킨, 로션, 편지지, 편지봉투 등 그 외의 것들은 상황에 맞게 사면 된다. 입대를 하는 순간 웬만한 것은 다 준다. 개인이 가져온 물품은 모두 택배로 집에 보내버린다.

정말 꼭 준비했으면 하는 것이 있다면 바로 '멘탈'이다. 멘탈만은 꼭 잡고 입대하기를 바란다. 나는 아직도 입대 후 첫날을 보내고 첫 기상을 하며 느꼈던 그 복잡한 감정을 생생하게 기억한다. 자고 일어나면 집일 줄만 알았는데, 일어나니 주위에는 온통 '빠박이들'뿐이고, 일어나서 군복을 갈아입고 나가야 하는 시간이 정해져 있었다. '5분만 더 자야지……' 하는 갈등 따위는 더 이상 불가능했다. 시간에 쫓기며 이불을 개면서 이 짓을 앞으로 21개월 더해야 한다는 사실을 깨달았을 때는 정말 죽고 싶었다. 여기서부터 '멘탈'이 중요하다. 이미 입대는 했고 군 생활은 시작되었다. 앞으로 주변 빠박이들과 21개월을 지내야 한다. 인정하고 나면 마음이 편해진다. 빨리 그 상황을 인정하는 것이 가장 빠르게 적응하는 방법이다. 입대 전 멘탈을 잡고 가는 법 세 가지를 소개해본다.

첫째, 긍정적인 후기를 많이 듣자

사실, 군에서 좋은 영향을 얻은 사람들을 찾기란 매우 힘들다. 그래도 단 한 가지씩이라도 군에서 얻은 것이 있다면 이야기해달라고 부탁하자. 대부분의 남자라면 군대에 가고 싶어서 간 경우가 거의 없으므로 부정적인 이야기를 하는 게 당연하다. 하지만, 그렇다고 군대에 대한 부정적인 이야기만 쏟아내는 사람에게 군 후기를 듣는 것은 자기 손해이며 시간 낭비다. 어차피 가야 하는 군대에서 어떻게 하면 슬기로운 생활을 했는지 그런 사례를 듣기 위해 노력하자.

나 또한 군 생활을 물었을 때 대부분의 사람들이 '전역한 부대 쪽으로 오줌도 안 싼다', '몸 건강히만 나오면 성공한 것이다', '군대는 남자의 무덤이다', '전역만이 답이다' 하는 부정적인 이야기를 많이 들었다. 내가 그렇게 많은 사람들에게 찾아가 군 생활을 물은 이유는 나만큼은 그런 마음으로 전역하기 싫어서였다. '전역하고 저런 말은 절대 안 하는 사람이 돼야지' 하며 속으로 마음을 굳게 다졌다. 다행히 극소수이긴 했지만, 군에서 인정도 받으면서 사회로 나갈 좋은 발판까지 준비한 선배들의 이야기도 들을 수 있었다. 그 이야기들은 입대 후 힘이 들 때마다 머릿속에 스쳐지나가는 좋은 조언으로 남아준 경우가 많다. 그중 가장 기억에 남는 조언이 있었다.

"우리가 일상에서는 극적인 순간을 겪기 힘들지만 군대에 가면 극적인 순간을 많이 만나게 될 거야. 훈련을 받다가 체력의 한계가 올 때, 나를 화나게 하는 누군가를 만났을 때, 말도 안 되는 부당한 대우를 받았을 때, 나보다 나이가 어린 선임에게 계급이 낮다는 이유로 혼날 때 등 일상에서는 흔히 겪을 수 없는 상황들을 만나게 돼. 그러한 극적인 순간을 만났을 때, 나의 진짜 한계를 맛보게 되고 그것을 멋지게 하나씩 이기게 되면 스스로가 성장하고 있음을 느끼게 될 거야."

실제로 나는 입대 전 22년간 한 번도 만나보지 못한 '더블 플러스(++) 또라이들'을 입대 후 단 3개월 만에 우르르 만날 수 있었다. 전국 방방곡곡에서 정말 다양한 백그라운드를 가진 사람들과 21개월 동안 지내게 되는데, 왜 엄청난 일들이 안 일어나겠는가? 입대를 하고 나서야 왜 남자들이 전역하면 군대 이야기를 많이 하는지 알게 되었다.

이렇게 군에 대해 의식적으로라도 좋은 인식을 심고 가야 말도 안 되는 상황을 이겨낼 수 있다. 만약 내가 부정적인 말을 많이 듣고 그 영향만 잔뜩 받았다면, 군대에서 극적인 상황을 겪을 때마다 '아, 역시 듣던 대로구나', '나 어떡하지?', '진짜 군대는 피할 수 있을 때까지 피했어야 했어' 하며 진작 멘탈이 무너졌을 것이다.

둘째, 군대에 대해 너무 걱정하지 말자

나는 성인이 되고 일찍이 사회 경험을 해보고 싶은 마음에 이것저것 알바도 해보고 다양한 일을 경험하기 위해 노력했다. 처음이다 보니 실수를 하는 경우도 잦았다. 그럴 때마다 군대를 다녀온 어른들은 "너 그렇게 하다간 군대에서 엄청 처맞어" 하며 장난으로 나를 혼내기도 했다.

'이런 걸로 맞는다고?' 하고 속으로 의아해했지만, 각종 SNS를 통해 약간의 MSG가 포함된 군대 이야기를 접할 때면, 이들의 말이 완전한 거짓도 아닌 것 같았다. 그래서 나 역시 군대를 가기 전에 겁부터 먹은 것이 사실이다. 나보다 먼저 입대한 친구들과 연락해봐도 '군대 가면 이렇게 하면 안 된다, 저렇게 하면 안 된다' 하는, 온통 금기 사항만 들을 수 있을 뿐이었다.

시간이 흘러 전역할 때가 된 지금 돌이켜보면, 왜 그런 말들에 영향을 받았을까 하는 후회가 든다. 지금은 전역한 친구들, 전역을 앞둔 친구들과 이야기하면서 "왜 그렇게 입대하기 전에 겁을 먹었는지 모르겠다" 하며 웃는 날이 많다.

셋째, 군대를 사용하겠다고 결심하자

환경은 자신이 선택하기에 따라 달라진다. 바다는 누군가에게는 낚시를 하는 곳으로, 누군가에게는 수영을 하는 곳으로, 누군가에게는 서핑을 하는 곳으로 쓰인다. 내가 결정한 대로 사용하게 된다. 군대도 누군가에게는 몸을 만드는 곳으로, 누군가에게는 성숙해지는 곳으로, 누군가에게는 돈을 모으는 곳으로 사용된다. 그 어떤 곳으로 사용하게 되든지 군대에 있는 시간을 그냥 흘려보내지는 말자. 우리는 인생에서 가장 아름다운 시기라 불리는 20대에 꽤 오랜 기간 군대에 있게 된다. 절대 그 시간을 낭비하지 말자고 스스로 결심하고 다짐하라. 그리고 어떤 곳으로 사용하게 될지는 본인이 정하겠지만, 군대라는 곳을 슬기롭게 사용함으로써 전역 후의 삶이 조금이라도 더 나아졌으면 한다.

누구든 기존 환경을 벗어나 전혀 다른 새로운 사람들과 새로운 환경에서 꽤 긴 기간 동안 지내야 한다고 생각하면 긴장되고 걱정되는 게 정상이다. 하지만 그렇다고 해서 겁까지 먹을 필요는 없다. 중국 속담에 '是福不是祸(시부불시화), 是祸躲不过(시부타불과)'란 말이 있다. "복이라면 화가 아니고 화라면 피할 수 없다"는 뜻이다. 다시 말해, "일어날 일은 일어나게 되어 있어, 피하려야 피할 수 없어. 순리에 맡기고 편하게 모든 것을 직면하면 돼"라는 의미다.

머리를 밀고 전자시계를 찼다면 쫄지 말고 긍정적인 멘탈과 함께 입대를 준비하자. 다 사람 사는 곳인데 별 일이야 있겠는가. 군대라는 곳이 특수하긴 하지만 미리 겁먹을 필요 없다. 당당히 입대하자. 이렇게 멘탈을 잡고 입대하면 전역 후 누군가가 군대에 대한 질문을 할 때 좋은 영향을 줄 수 있는 사람이 될 수 있을 것이다.

★ ★ ★

입대 전 삶이 곧
입대 후의 삶이다

아주 작은 용기 한 번으로 당신의 인생 전체를 바꿀 터닝 포인트를 만날 수 있다면, 그 단 한 번의 용기를 못 낼 이유가 있을까?

아주 작은 행동에도 작은 용기가 필요하다. 때때로 우리는 그 작은 용기가 없어 기회를 놓치기도 한다. 성인이 되어서는 주변의 시선을 신경 쓰기 시작하며 그런 용기는 점차 줄어들기만 한다. 그런 면에서 눈치 보지 않고 자신이 하고 싶은 말, 하고 싶은 일을 하는 아이들은 어른보다 훨씬 큰 용기를 가진 셈이다. 아이들은 해보고 싶은 것이 생기면 일단 해버린다. 성공이든 실패든 그런 과정을 통해 성장한다.

입대 전 용기를 발휘해 스스로 얻게 된 경험이 많다면 입대 후에도 그런 용기를 통해 기회를 잡을 수 있다. 입대 전 어떤 경험을 했고 어떤 도전을 했는지에 따라 입대 후에도 그에 걸맞은 경험과 도전을 해볼 수 있다.

코코아 한 잔으로 KBS생방송에 출연하다

고등학생 시절, 나는 작은 용기를 낸 덕에 말도 안 되는 기회를 잡은 적이 있다. 그 경험은 군대에서도 큰 기회를 잡을 수 있게 해주는 좋은 거름이 되었다.

10대 때 무엇을 해야 할지 방황한 시기가 있었다. 주변에서는 "학생이 공부를 해야지 무엇을 해야 한다고 생각하니?"라며 답이 뻔히 나와 있는 질문은 스스로에게 하지도 말라고 했다. 하지만 나는 왜 공부를 해야 하는지 납득이 가지 않았다. 그러다 보니 성적은 뚝뚝 떨어지기만 했다. 나에게 책은 무언가 이뤄낸 사람들만 썼을 거라는 생각에 공부를 잠시 그만두고 6개월 동안 책만 주야장천 읽은 적도 있다. 책을 읽고 난 뒤에는 감동을 준 이들에게 메일을 보내 이것저것 물어보기도 하고, 마음에 든 사회적 기업을 찾아가 회장님을 만나보기도 했다.

그러던 중 알게 된 강사분이 내게 1만 원으로 100만 원을 만들어보라고 했다. 불가능해 보이는 일에 도전해서 그 일을 이루어내면 자존감도 높아지고 자신감도 생길 것이라는 게 과제를 준 이유였다. 그 말을 계기로 나는 반에서 코코아를 팔기로 했다. 하지만 겁났다. 혼자서 이상한 사람 취급 받을 것 같았고, 학교에서 혼날 것만 같았다. 주변 친구들은 1만 원으로 100만 원을 만들겠다고 하니 '미친놈'이라고 했다.

하지만 나의 마음속은 이미 무엇이 되었든 도전해보고 싶다는 열망으로 가득했다.

'그래, 한 잔이라도 팔아보자!'

나는 작은 용기를 냈다.

"친구야, 한 잔만 사먹어주라……."

이 말 한마디를 눈 한번 꼭 감고 용기 내어 말했다. 다행히도 흔쾌히 한 잔을 사먹은 친구는 좋은 평을 내주었고 나의 목표를 주변에 알려주었다. 시작을 하니 조금씩 소문이 퍼지고 퍼져 다른 반, 다른 학년 후배들까지 와서 사먹었다. 10일 동안 진행되어 팔린 금액이 총 73,410원이었다. 큰 쾌거를 얻은 후 학교가 끝나고 교복을 입은 채 직접 기부함 통을 들고 부산 적십자사로 찾아갔다. 교복을 입고 엘리베이터 앞에서 서성이고 있는데 직원 한 명이 무슨 일로 왔냐고 물어보았다. 나는 앉아서 말씀을 드리고 싶다고 청하고는 돈을 모으게 된 경위를 알려주고 이 돈을 학교 이름으로 기부하고 싶다고 했다. 직원은 내 이야기에 감동을 받은 눈치였다.

얼마 후, 모르는 번호로 전화가 왔다. 내 이야기를 전해들은 부산 적십자사 과장이었다.

"학생이 보여준 행동이 무척 의미가 깊고 재미있는 것 같아. 그래서 대한적십자에서 KBS와 연합해 방송하는 '희망풍차' 프로그램에 너를 게스트로 초대하려고 해."

생각지 못한 엄청난 제안에 순간 당황했다. 나는 코코아 몇 잔 판 것밖에 없는데……. 그런 생각도 잠시, 그 주 일요일 나는 KTX를 타고 서울 명동에 설치된 세트장에 도착했다. 전국으로 생방송되는 프로그램이었기에 방송 현장은 매우 신기했다. TV로만 보던 지미집 카메라를 비롯한 여러 대의 카메라, 많은 수의 스텝과 작가들을 직접 볼 수 있었다. 나는 생방송 현장에서 오늘의 게스트로서 인터뷰를 주고받았다. 내 다음 출연자는 당시 적십자 홍보대사였던 배우 신현준 씨였다. 그분은 내가 앉았던 의자에서 인터뷰를 했다. 실감이 나지 않는 날이었다.

다음 날 학교에서 난리가 났다. 그 방송을 보고 놀란 친구들의 반응을 아직도 잊지 못한다. 코코아를 팔겠다는 용기가 전국 생방송 출연을 하게 되는 기회를 만든 것이다.

작은 용기가 기회를 만든다

코코아를 판 것으로 KBS 전국 생방송 게스트로 출연한 이후,

나는 무엇인가 목표가 정해지면 쉽게 도전하는 사람이 되었다. 작은 용기로 또 어떠한 기회가 올지 모르니 말이다.

군대에서도 나는 조금 독특한 목표를 정했다. 입대 후 훈련소에서 지내는 한 달은 전국 각지에서 다양한 배경을 가진 친구들을 만날 수 있는 기회였다. 자동차 정비공, 축구 선수, 학교 선생님, 의사, 스페인어 능통자, 작곡가, 파워 블로거 등 만날 수 있는 인물군이 매우 다양했다. 그런 사람들을 보며 '와, 진짜 군대가 아니면 어디서 이렇게 다양한 생각과 경험을 가진 사람들과 하루하루를 함께 동고동락하며 지낼 수 있을까?' 하는 생각을 했다.

다양한 사람들과의 만남은 세상을 보는 시야를 넓혀주었고, 세상에는 정말 다양한 사람이 있다는 것을 피부로 느끼며 새로운 감정을 경험하게 해주었다. 이때 나는 비로소 목표를 세웠다.

'21개월 동안 지내게 될 부대가 정해지면 그곳에 있는 모든 사람들과 일대일로 이야기를 나눠봐야겠다.'

내가 도착한 부대에는 200명이 조금 넘는 용사들이 있었다. '어떻게 하면 이 200명이 되는 사람을 다 만나 이야기를 나눌 수 있을까?'를 생각했다. 게다가 전입 온 지 얼마 되지도 않았는데 선임들의 생활관을 돌아다니며 '저랑 이야기 좀 합시다' 할 수는 없는 노릇이었다.

그래서 나는 200명이 나를 만날 명분을 구했다. 석 달 동안 상담사 자격증을 공부해서 자격증을 땄다. 이제 명분을 마련했으니 기회를 잡아야 했다. 명분이 생겼더라도 선임에게 대화를 시도할 작은 용기가 필요했다. 나는 눈 한번 딱 감고 인상 좋은 한 선임에게 용기를 내 이야기했다.

"박 병장님……, 제가 최근에 상담사 자격증을 땄는데 상담하면서 통계를 한번 내보려고 합니다. 잠시 시간 좀 내주실 수 있겠습니까?"

흔쾌히 좋다는 응답을 받고 성심성의껏 해드렸다. 그리고 얼마 후, 모르던 선임이 생활관을 똑똑 노크하며 들어와 물었다.

"혹시 여기 유섭이 있니?"

"일병, 손유섭! 무슨 일이십니까?"

이야기를 들어보니 내가 상담을 해준 박 병장님이 좋은 소문을 낸 덕에 나를 찾아오게 된 것이었다. 나는 즉시 그 선임 생활관으로 가 상담을 해드렸다. 상담을 하고 있는 생활관에 때마침 누군가 들어왔다. 같은 생활관 선임분들이었다. 이에 호기심을 느낀 선임들은 자신도 해달라고 했다. 그렇게 퍼지고 퍼져 6개월 만에 200명이 넘는 선임, 후임, 동기들을 상담하며 일대일로 대화를 나눌 수 있게 되었다. 그런 만남들을 통해 나는 성숙해질 수 있었고, 함께 웃고 울면서 많은 시간을 보냈다.

입대한 지 5개월도 채 안 된 후임인 내가 부대 내 70퍼센트나 되는 사람들과 일대일로 만나 그들의 속사정을 들으며 대화할 수 있었던 데에는 남다른 비결이 있었다. 바로 '작은 용기'였다. 선임에게 말을 거는 작은 용기.

이런 나의 활동을 알게 된 대장님께서는 나를 부대 내 또래상 담병으로 임명하셨다. 또래상담병이 되어서 사람을 상담한 것이 아니고, 상담을 먼저 한 뒤에 이를 인정받아 또래상담병이 된 것이 다. 예외적인 수순이었다.

이 외에도 작은 용기로 인해 말도 안 되는 기회와 경험을 얻은 적이 많다. 항상 시작이 어렵다. 그래도 일단 하면 된다. 시작하면 된다. 용기를 낼 수 있을 때 내는 것은 용기가 아니다. 용기란 용기 를 낼 수 없을 때, 그때 내는 것이 진정한 용기다.

당신에게는 입대하는 것 자체가 용기일 수 있다. 그 용기는 당 신에게 언젠가 또 다른 새로운 것을 가져다줄 것이다. 그리고 군 대에서도 충분히, 그런 용기를 통해 자신이 변화될 수 있다. 입대 전 그런 용기를 통해 얻은 경험이 없어도 좋다. 입대 후 만들어라. 그 경험의 빛은 전역 후에 보게 될 테니까. 입대 후의 삶이 곧 전역 후의 삶으로 이어질 것이다.

★ ★ ★
전역 전날 밤까지 손에서
책을 놓지 못한 이유

'만남'은 늘 설레는 일이다. 사람과의 만남, 기회와의 만남, 새로운 것들과의 만남 등 이러한 만남은 늘 새로운 자극을 준다. 사회와의 단절이라는 이미지가 강한 군대에서 나는 수백 명과 설레는 만남을 이어왔다. 바로 책을 통해서다. 입대한 날을 시작으로 전역하는 날 밤까지 시대를 초월한 만남이 이어졌다.

나는 시공간을 초월한 이러한 만남을 통해 언제나 그들의 신념과 열정을 느낄 수 있었다. 독서는 앉아서 하는 여행이고, 여행은 서서 하는 독서라는 말이 있다. 앉아서 하는 여행을 수없이 즐긴 끝에 맞은 전역 전날 밤, 자연스레 내면의 성숙을 느끼게 되었다.

학창 시절 인생의 힌트를 책에서 찾다

나의 사춘기는 여느 비행청소년들처럼 가출을 하거나 술, 담배를 하며 방탕하게 보내는 종류가 아니었다. 당시 나는 그저 내가 처한 환경과 배경 그리고 당시 내가 갖춘 재능의 수준을 남들과 비교하며 그 모든 것에 세상을 탓하며 불만을 표했다. '저 친구는 저렇게 공부를 잘하는데, 나는 왜 이 꼴이지?', '저 친구는 저렇게 인기가 많은데, 나는 왜 이 꼴이지?', '저 친구 집은 잘사는데, 우리 집은 왜 이 모양이지?', '나는 왜 타고난 것 하나 없고 잘하는 것 하나 없을까?' 하며 온갖 나의 부족한 점을 끄집어내며 그 불만을 사회로 내던졌다.

'난 잘못한 게 없어. 내가 이렇게 된 건 모두 세상 탓이야!' 하는 불만이 계속 이어지며 나는 누구이며 나는 왜 사는가에 대한 근본적인 것까지 의문을 품기 시작했다. 왜 내가 학교를 다니고 있고 공부를 하고 있는지 그 답을 찾길 원했다. 더 나아가 인생을 왜 살아가고 있는지 인생의 목적을 찾길 바랐다. 그 답을 찾기 위해 내가 선택한 방법은 바로 책을 읽는 것이었다. 책은 왠지 인생을 잘 살고 있고 성공한 사람들이 썼을 것이라는 확신이 있었다.

6개월 동안 학업을 일체 접고 하루 종일 책만 읽었다. 그러한 인고 끝에도 인생의 답은 찾지 못했다. 하지만 책을 통해 자그마한 '힌트'는 얻게 되었다. 그 힌트는 바로 '일단 주어진 환경에서 최선을 다하며 살다가, 이루고 싶은 꿈이 생기면 목표를 세우고 차근차근 이뤄나가자'였다. 나는 힘들게 찾은 이 힌트를 가지고 다시 교실로 돌아와 학업에 열중할 수 있었다. 만약 내가 그때 책을 읽는 시간을 가지지 못했다면 계속 방황한 채 머물러 있는 삶을 살았을 것이다.

군대에서 다시 집어든 책, 작가를 만나러 다니다

군대에 있던 시기는 내게 학창 시절 이후 인생에서 두 번째로 책을 많이 읽은 시기다. 휴대폰도 없고 동네 친구도 없는 환경에서 할 수 있는 게 딱히 없었던 덕분이었다. 환경에 제약받지 않고 시간 대비 최고의 효과를 주는 것의 최고봉은 바로 독서가 아닐까 싶다. 독서는 사람의 내적 성숙을 도와주는 최고의 도구다. 'Reader가 Leader가 된다'는 말까지 있을 정도로 성공한 사람들의 공통점을 꼽으라면 독서는 늘 기본에 속한다. 군대에서 나는 새로운 시도를 해보았다. 바로 작가들을 실제로 만나보는 것이었다.

나는 책을 빌려서 읽기보다 사서 읽는 편이다. 줄을 긋기도 하고 생각나는 것이 있으면 즉시 책에 메모를 해두고 싶어서다. 그래서 외출, 외박, 휴가를 갔다 올 때면 부대 앞에 있는 대형 서점에서 한두 권씩은 꼭 읽고 싶은 책을 사서 복귀했다. 나의 스타일을 아는 지인들은 주로 내게 책 선물을 많이 했다. 그렇게 구입한 책과 선물 받은 책이 약 30권 정도가 된다. 그리고 그 30권 중 세 권에는 실제 그 작가의 친필 사인이 있다.

모든 책이 내게 좋은 감동을 주지는 못했지만, 열 권 중 한 권은 꼭 나의 가슴을 뜨겁게 뛰게 만든 책이 있었다. 읽고 나면 한동안 마음이 너무 뜨거워 잠을 잘 수 없을 정도로 진한 감동과 여운을 주는 책 말이다. 나는 그런 감정을 잊고 싶지 않아 직접 그 작가를 만나기 위해 노력했다. 휴가를 내고 작가가 강연하는 곳에 직접 찾아가기도 하고, 연락처를 알아내 독서 후 느낀 감상과 편지를 보내기도 했다.

"작가님! 안녕하세요. 저는 현재 육군부사관학교에서 군 복무 중인 일병 손유섭입니다. 다름이 아니라 제가 군대에서 작가님의 책을 읽다 책이 너무 뜨거워서 저도 모르게 책을 던졌습니다. 책 안에 작가님의 그 뜨거운 열정이 글로 다 느껴졌습니다. 어떻게 그렇게 진취적으로 살 수 있나요? 꼭 한번 만나뵙고 싶습니다. 제가 휴가를 내서라도 작가님이 계신 곳으로 찾아가겠습니다."

이런 식으로 연락을 보내면 답이 안 오는 경우도 있었지만 대부분 긍정적인 답이 왔다. 그렇게 작가와 시간이 맞으면 실제로 찾아뵙기도 했다. 《이젠, 책 쓰기다》의 저자 조영석 대표, 《초연결자가 되어라》의 저자 성유진 강사, 《필승, 최고의 대학 명받았습니다》 저자 이동헌 대표를 만나게 되었고 그 인연으로 지금까지도 세 명의 작가들과 연락하며 지내고 있다.

작가들이 나를 만나준 것은 내가 잘나서가 아니었다. 만약 내가 그저 사회에서 살아가는 대학생 중 한 명의 독자였다면 아마 만나기 힘들었을 것이다. 하지만 나는 군대에 있었고, 군인에게 정말 소중한 휴가를 써서라도 만나고 싶다는 고백에 감동을 받은 것이다. 지금 이 책을 읽은 누군가가 나에게 연락해오더라도 나는 무조건 만나줄 것 같다. 자신의 시간을 써서 자신에게 감동을 준 사람을 만나러 오겠다는 사람을 누가 반기지 않겠는가?

나에게 책은 그저 도서관에서 빌려 읽고 찾아서 읽는 '텍스트'가 아니었다. 시공간을 초월한 만남을 이루게 해준 가교였고 동시대를 뜨겁게 살아가는 사람들을 직접 만날 수 있게 해준 연결 고리였다.

군 생활 동안 부대에 있는 책을 모두 섭렵하겠다는 목표를 잡는 것도 좋다. 토머스 에디슨은 어린 시절, 2~3년 만에 디트로이트 도서관에 있는 도서를 싹 다 읽어버렸다. 그렇게 분야를 가리지 않은 독서는 발명의 기초가 되었다. 책을 꾸준히 읽어보고 성장함을 느껴봐야 왜 책을 두 권 읽은 사람이 책을 한 권 읽은 사람을 지배한다고 하는지 이해하게 될 것이다.

군대에서만큼 책을 읽기 좋은 환경은 없다. 전역을 하고 치열한 세상으로 나오면서 군대에서만큼 책 읽기 좋은 환경을 만들기 쉽지 않다는 것을 알게 되었다. 군대라는 환경을 활용해 독서를 해보자.

어떤 부대를 가든 어떻게든
'할 놈'은 한다

　　"당신은 꿀 부대여서 가능했지 전방이
나 빡센 부대는 그렇게 절대 못해!"

　　얼마 전 인터넷 댓글에서, 군에서 자기계발을 성공적으로 마친
사람을 비꼬듯 다소 공격적인 말을 보았다. 군부대에서 일하는 것
만으로도 힘들어 죽겠는데 무슨 자기계발이냐, 군에서 꿈을 꿔라
같은 듣기 좋은 말만 하는 것은 집어치우라는 식의 말투였다.

　　저 글을 쓴 사람 말고도 그렇게 생각하는 사람은 분명 많을 것
이다. 나 또한 어느 정도 공감한다. 하지만 절대적으로 지지하지
는 않는다. 분명 전방이나 빡센 부대에서도 자기계발을 성공적으
로 해가는 사람이 있기 때문이다.

전역한 사람들의 이야기를 들어보면 대부분이 자기가 나온 부대가 제일 힘들고 온갖 부조리가 가득하다고 한다. 그렇다면 내가 복무한 부대는 어떠했을까? 나는 특이하게 빡센 부대와 꿀 부대 두 군데를, 보직도 상반된 두 개를 경험했다. 처음에 나는 육군부사관학교 교육지원대 조교로 선발되었지만, 상급부대의 조교 감축 명령으로 본부근무대로 부대를 옮기게 되었다. 그 덕에 군 생활 나머지 반은 본부근무대 경계병으로 조교보다는 편하게 복무했다. 부대가 바뀌면서 맡은 일, 생활관 동기, 선임과 후임, 함께 일하던 간부 등 모든 것이 바뀌었다.

미친놈 보존의 법칙을 발견하다

두 개의 부대를 겪으며 특이한 법칙을 발견했다. 마치 무슨 '질량보존의 법칙'과 같았다. 각 부대별 200명 중 20명 정도는 자신이 맡은 일도 잘하면서 자신의 미래를 위해 끊임없이 노력하는 사람들이었다. 교육지원대에서 10퍼센트, 본부근무대에서도 10퍼센트 정도는 그런 이들이었다. 전방 GOP에서 복무하는 친구 부대 이야기를 들어봐도 부대 내에서 약 10퍼센트 정도는 꿈을 꾸며 미친 듯이 자신의 성장에 투자하는 사람들이라고 했다. 나는 이를 '미친놈 보존의 법칙'이라고 부른다. 어떤 곳이든 미친 듯이 자신의 미래를 위해 투자하는 사람 10퍼센트가 반드시 존재하기 때문이다.

그들은 그곳에서 끊임없이 각자의 개성에 맞게 미친 듯이 노력한다. 나는 이들이 모이면 재미있겠다는 생각에 본부근무대, 교육지원대 각각 10퍼센트에 속한 몇몇을 모아서 열다섯 명으로 이루어진 'Project. R'이라는 동아리를 만들었다. 이 동아리 회원들은 서로 부대가 떨어져 있었지만 매주 주말이 되면 한곳에 모여 아이디어를 모아 군대에서 해볼 수 있는 자기계발 프로젝트를 진행했다. 매주 그들을 만나 대화하며 나는 그들의 공통점을 발견했다. 바로, 멋진 정신력이었다.

멋진 정신을 가진 사람들은 환경을 탓하지 않는다. 핑계를 대지도 않는다. 오히려 열악한 환경에서 기회를 만든다. 내가 모아 본 열다섯 명의 사람들도 그러했다. 경계, 조교, 통신, 행정, 전문

Project.R 동아리

대항군, 수송, 군악 등 다양한 보직을 가진 그들은 각자의 보직에서 자신이 맡은 일을 훌륭히 해가면서 그 일 외에 자신이 할 수 있는 일들을 찾았다. 그리고 최선을 다했다. 90퍼센트에 속한 사람들은 각자의 보직에서 힘든 환경에 휘둘려 겨우 자신이 맡은 일만 해낼 뿐이었다. 나는 그들을 결코 비하하려는 것이 아니다. 분명히 힘든 환경에 있는 사람도 많다. 특히 전방은 매우 열악하다. 힘든 부대 역시 매우 힘들다. 하지만 그런 곳에서도 얼마든지 기회를 만드는 사람들이 있고 성공적인 군 생활을 해내는 사람은 존재한다는 것을 말하고 싶다.

어떤 부대를 가도 할 놈은 한다

매주 모이는 열다섯 명의 사람들은 육군부사관학교가 아닌 전국 각지 어디를 갔어도, 아무리 힘들고 열악한 환경에 놓였어도 분명히 그곳에서 기회를 만들고 성공적인 군 생활을 했을 것이다. 어떤 부대를 가게 되든 할 놈은 하는 법이니까.

'합리화'는 내가 가장 무서워하는 단어다. '아, 나는 힘들어서 못해', '난 이것을 할 능력이 없어', '시간이 부족해', '내일 해도 될 것 같아' 등등…… 우리는 매일 나 자신과 타협한다. 합리화를 한다. 이만하면 됐다고, 할 만큼 했다고. 그럴 때마다 마음속으로 외치자.

'한계가 왔을 때 한 개만 더 해보자.'

웨이트 트레이닝도 정말 힘들 때 한 세트를 더 하면 그때 근육이 붙는다. 다른 것들도 마찬가지다. 못할 것만 같을 때, 더 이상할 수 없을 것만 같을 때, 그때 조금 더 하면 자신은 성장하게 된다. 내가 하고 있는 일에 "이것은 힘들어. 딱 봐도 힘들지. 군에서 자기계발하는 사람은 나를 제외한 10퍼센트뿐이야" 하고 말하는 것은 내가 이 일을 못하더라도 남들에게 "그래 맞아, 힘든 거였네. 나였어도 못했을 거야" 하고 변명하기 위한 핑계를 마련하는 것에 지나지 않는다. 자신이 실패해도 눈총을 받지 않기 위해 미리 준비하는 말이며 자신을 위로하는 것밖에 되지 않는다.

지금 나는 당신에게 말하고 싶다. "당신이 어떤 곳에 있든 나는 당신을 응원하겠다. 당신은 어떤 곳에 있든 할 수 있다 그곳에서 당신은 얼마든지 기회를 만들어 떳떳하게 군 생활을 잘한다고 말할 수 있다"라고.

더 이상 군대를 사회와 단절된 곳이라거나 갇혀 있는 곳이라고 생각하지 말자. 아무리 우리에 갇혀 있다 해도 호랑이는 호랑이다. 호랑이가 고양이가 될 수는 없다. 어떤 부대를 가게 되더라도 당신은 할 수 있다. 당신은 '한다면 하는 놈'이다.

★ ★ ★

어떤 목표를 세우든
일단 시작하라

나는 군에서 시간이 날 때마다 선임, 동기, 후임을 만나 그들의 고민을 들었다. 선임, 후임 할 것 없이 그들의 고민은 대부분 비슷하다.

"전역하고 무엇을 해야 할지 모르겠다", "다니다 온 대학교와 학과가 지금 생각해보니 안 맞는 것 같다", "군대에서 무엇을 준비해야 할지 모르겠다"…….

나름 군대에서 미래를 준비하는 사람들의 질문 또한 비슷비슷하다.

"내가 지금 준비하고 있는 게 맞는지 모르겠다", "여기서는 무언가 해보기엔 환경에 제약이 많아", "전역하고 나면 마냥 좋을 것 같은데 한편으로 사회에 나가기 겁나", "군에서 자기계발을 하고 싶어도 훈련하고 나면 힘들어서 작심삼일로 끝나는 경우가 많아" 등등.

나 역시 비슷한 고민을 하며 이등병 시절을 보냈다. 이등병 시절, 조교로 선발되어 초급 간부 지원을 나갔다. 교육을 위해 교육생들보다 훈련장에 미리 도착해서 교육 준비를 했고, 교육이 끝나면 교육생들을 보내고 마무리 정리를 한다고 늦게까지 일해야 했다. 입대 직후 나름 야심찬 야망을 꿈꾸었지만, 상황이 상황인지라 막사로 복귀하면 몸이 천근만근 피곤해 쓰러져 자기 바빴다.

일병, 상병이 되면 조금이라도 환경이 나아질 줄 알았다. 하지만 마음만 편해질 뿐 내가 해야 하는 일은 크게 바뀌지 않았다. 입대한 지 6개월이 지나서는 멋있게 성장하겠다던 입대 때의 야망은 온데간데없고, 어느새 군 생활에 적응하면서 기계처럼 반복된 삶을 사는 나를 발견했다. 반복된 생활 패턴을 벗어나고 싶었고, 다시 야망을 꺼내 심장이 뛰는 그런 삶을 살고 싶었다.

그런 고민을 하던 중 나는 나를 포함해 전국 각지에서 온 20대 또래들에게 치명적인 약점이 있음을 느꼈다. 그것은 바로 다가오지 않은 미래에 대한 걱정이 너무 많다는 사실이었다. 그런 걱정과 생각 때문에 행동으로 실천하지 않고 미루다 포기하는 일이 많았다.

'내가 잘하는 게 무엇일까?', '내가 타고난 게 있나?', '어떤 일을 해야 하지?', '취직을 해야 하나?', '취직을 하려면 뭐부터 하지?', '자격증을 준비해야 하는데' 등 꼬리에 꼬리를 무는 생각 때문에 우리들은 지레 겁을 먹고 아무것도 하지 않고 있었다.

나는 고민을 이야기하는 군 동기 그리고 선임, 후임들에게 한결같이 "우리 일단 시작합시다"라고 말했다. 일단 시작하면 뭐라도 되기 때문이다. "그렇게 하다간 죽도 밥도 안 될걸?"이라고 주변에서 이야기하더라도 시작하라. 일단 하면 죽이라도 먹을 수 있으니 말이다. 그 시작으로 머릿속에만 있던 일들이 현실이 된다.

실제 또래상담병으로 200번을 상담하며 만났던 20대 선임과 후임의 사례를 소개하려 한다. 나는 그 둘에게 똑같은 말을 건넸지만 결과는 달랐다. 두 사람의 차이는 무엇인지 직접 느껴보길 바란다.

생각 많은 A 상병의 경우

A 상병은 생각이 많지만 행동하지 않는 사람이었다. 이미 계급도 찼고 누구 하나 건드릴 사람도 없었다. 하던 일도 익숙해져 쉽게 잘했다. 그러다 보니 군 생활이 편했다. '전역 6개월 전부터 영어 공부를 해도 안 늦겠지?', '이제야 군 생활에 적응하고 편해졌는데 조금 있다가 하자' 하며 계속해서 할 일을 미루었다. 마음속으로 생각만 하고 시작도 하지 못했다.

나는 A 상병에게 일단 시작하는 것이 좋으니 영어 단어 책이라도 먼저 사서 보라고 조언했다. 그래야 책값이 아까워서라도 단어 한 개라도 보게 되니 말이다. 하지만 A 상병은 조언을 받아들이지 않았다. 오히려 6개월이 남았을 때 남은 휴가를 어떻게 하면 잘 썼다고 소문날까 하며 휴가 계획을 세우기 바빴다.

결국 A 상병은 전역 직전이 돼서야 영어책 하나도 사지 못한 자신을 직면하게 되었다. 그렇게 전역 때까지 21개월 동안 무엇 하나 남기지 못한 채 사회로 나갔다. A 상병의 실패 요인은 계획도 있었고 하고자 하는 마음도 있었지만 단 하나라도 시작해보지 못한 데에 있었다.

생각보다 행동이 앞서는 B 일병의 경우

B 일병과는 우연히 함께 근무를 서다가 내게 고민을 털어놓게 되면서 알게 되었다. B 일병은 재수를 한 번 하고 대학교에 들어간 뒤 1학년을 마치고 입대를 했다. 그는 남들에 비해 1년 늦었다는 생각에 조급해하지 않고 일단 군대에서 자신의 진로를 탐색하며 준비하는 시간을 가지려 했다.

나는 그에게 하고 싶은 일이 생기면 깊이 생각하지 말고 즉시 시작하라고 이야기해주었다. 그 뒤로 B 일병은 국방 스타트업 챌린지, 병영문학상, 뿜뿜 콘테스트 등 국방부에서 주최하는 행사 포스터가 행정반 앞에 게시되는 즉시 경쟁 인원이 어떻든, 대회의 상금이 어떻든 가장 먼저 신청서를 제출했다. 또 군에서 책을 읽다 감동을 받은 작가가 있으면 즉시 메일로 연락해 인연을 맺는다.

최근에 B 일병은 마라톤 대회에 출전하고자 접수 기간이 4개월이나 남았는데도 가장 먼저 신청하고 참가비를 입금했다. '해볼까, 말까?' 고민하다 안 하게 될까 봐 그냥 바로 신청했다고 했다. B 일병은 할 수밖에 없는 환경을 스스로 만들었다. 그 영향으로 나도 함께 마라톤 대회에 참가하기로 했다. B 일병의 실행력은 내게도 좋은 감동과 영향을 주었다. 그래서 둘이 함께 열정이 있는 사람들을 모아 프로젝트를 진행하는 프로젝트 동아리를 창설하기도 했다.

B 일병은 다른 여러 가지 방해 요인을 고려하지 않았다. 그저 하고자 했던 것을 마음이 식기 전에 즉시 시작했다. 그 덕분에 지금도 목표를 차근차근 이루어가는 중이다.

A 상병과 B 일병의 이야기를 들으니 어떤 생각이 드는가? 현재 자신의 상황은 A 상병일 수도 B 일병일 수도 있다. 아니면 그 둘 사이의 어디쯤일 것이다. 그 무엇이 되었든 내가 말하고 싶은 핵심은 이것이다. 목표가 무엇이 되었든 일단 시작하라.

그래도 이 책을 읽고 있는 당신은 군 생활을 통해 하나라도 얻기를 바라는 사람 중 한 명일 것이다. 놀고 싶으면 제대로 후회 없이 놀고, 미래를 준비하고 싶으면 제대로 후회 없이 준비하라. 자신이 어떤 목표를 가지고 입대했든, 혹은 어떠한 목표도 없이 입대했든 당신이 군 안에 있었던 시간들 그리고 행한 것들을 전역 후에 후회하지 않았으면 한다.

내가 군 생활을 하며 만난 사람들의 90퍼센트는 A와 같은 사람들이었고, 10퍼센트 미만의 소수만이 B와 같은 사람들이었다. 90퍼센트의 사람들은 생각만 하다 시작도 못 해보고 끝나고, 오직 10퍼센트의 사람들만 생각한 것을 즉시 시작함으로써 결과를 남겼다.

나 역시 일단 '시작'하는 방법을 사용하지 못했다면 10퍼센트가 아닌 90퍼센트에 속한 사람에 속했을 것이다. 군대에서 강사가 되기 위한 준비로 책을 쓰고 싶은데 어떻게 시작해야 할지, 무엇부터 하면 되는지 몰랐다. 하지만 그럴수록 복잡하게 생각하지 않기로 했다.

일단 전문가를 찾아가서 물어보기로 했다. 《이젠, 책 쓰기다》의 저자 조영석 대표를 찾아갔다. 일단 그분이 서울에서 강연을 한다는 소식을 듣고 1박 2일 휴가를 내서 서울로 올라갔다. 강연이 끝나고 자초지종을 털어놓았다.

"전라북도에서 올라온 군인 손유섭입니다. 책을 쓰고 싶은데 어떻게 써야 할지, 어떻게 준비하면 되는지 몰라 이렇게 찾아오게 되었습니다."

나의 이야기에 좋은 감동을 받은 대표님은 다음 날 부대로 복귀하기 전에 만날 약속을 잡아주셨다. 대표님은 나의 배경을 들으시고는 어떻게 시작하면 좋을지에 대해 차근차근 조언해주셨다. 그리고 그 일을 계기로 6개월 동안 나는 원고를 쓰는 데 집중했다. 원고를 마친 뒤에는 대표님 앞에서 내가 쓴 책에 대한 간략한 브리핑과 PT 발표를 하게 되었다. 이 책은 이런 과정을 거쳐 세상에 나오게 되었다.

일단 시작하라. 길게 생각하지도 말고 시작하라. 지금 당장 내가 시작해볼 수 있는 일이 무엇인지 생각하고 실행하라. 그러면 그 시작으로 당신은 엄청난 행운과 기회를 잡게 될 것이다. 군대에서 어떤 것을 시작하게 되든 그 시작의 위력은 해본 자만 알게 될 것이다.

국방개혁 2.0 핵심내용

군 구조	• 지상작전사령부 내년 1일부로 창설 • 공군정찰비행단 창설 • 징병복 등 3축체제 추진 • 민간인력 5%에서 10%로 확대 • 병력 61만 8천 명에서 50만 명으로 감축 • 킬체인, KAMD, 대량응징보복 등 3축체제 추진
국방운영 분야	• 장군 436명에서 360명으로 감축 • 문민기준 전역 후 2~7년 • 여군 5.5%에서 8.8%로 확대 • 합참 직위 육해공 1:1:1 비율로 조정 • 예비군 동원기간 4년에서 3년으로 축소
병영문화 분야	• 관할관 확인조치권, 영창제도 폐지 • 병장 월급 40만 5천 원에서 67만 6천 원으로 인상 • 일과 후 휴대폰 허용·외박 확대 • 제초작업 등 잡무 민간용역으로 • 의무후송헬기 8대 배치 등 응급조치 강화
방위사업 분야	• 비리행위 가중처벌 • 획득전문교육기관 설립 등 전문인력 양성 • 절충교역 제도개선 • 방산진흥원 신설·방산진흥법 제정 추진

• 2022년까지 장군 정원 436명에서 360명으로 76명 감축. 전투부대 장군 직위는 보강하고, 비전투 분야 장군 직위는 감축. 육군 66명, 해군과 공군 각 5명 감축.

• 3군 동일비율 편성, 동일군 연속 보직 금지.

• 합참과 국직부대 주요 결정권자 자리에 육해공군 동일 비율 편성(현재 국직부대 장성급 지휘관 20명 육해공 비율은 16:3:1).

• 같은 직위에 동일군 2회 연속 보직할 수 없는 규정 시행

• 2018년 10월 1일 전역자부터 병 복무기간 단축 시행. 복무기간 3개월 단축돼 육군과 해병대는 18개월, 해군은 20개월, 사회복무요원 21개월, 산업기능요원 23개월로 단축.

CHAPTER 2

군대

계급별

적응법

★ ★ ★

훈련소 적응법:
누군가는 당신을 지켜보고 있다

　　우리는 늘 새로운 환경을 맞이하고 여기에 적응하면서 커왔다. 초등학교에 들어갈 때도 중학교에 들어갈 때도 고등학교에 들어갈 때도 대학교에 진학하거나 취업을 할 때도, 늘 새로운 환경에 적응해야 하는 순간이 그 나이 때에 맞게 찾아온다. 처음에는 새로운 환경에 대한 설렘 반 새로운 사람을 만나 잘 지낼 수 있을 것인가 하는 걱정 반으로 마음이 복잡하지만, 시간이 지나면 어느새 잘 적응하고 있는 자신을 발견한다.

　　이처럼, 무엇이든 처음이 어렵지 막상 시작해보면 생각했던 것과는 다를 때가 많다. 군대도 이와 크게 다를 바 없다. 사람에 따라 생각했던 것처럼 힘들 수도 있고, 생각했던 것보다 괜찮다고 느끼는 사람도 있다. 그래도 내가 이 책을 쓰며 군대를 다녀온 사람들과 인터뷰해본 결과, 대부분의 사람들은 군대가 자신이 걱정하고 염려했던 것보다는 괜찮았다고 이야기했다. 그리고 훈련소만 잘 버티면 된다는 공통적인 의견이 나왔다. 처음 입대 후 군인이 되기 위해 군사 기본 훈련을 받는 한 달 정도의 기간만 잘 적응하면, 자대 배치 뒤에는 무난하게 잘할 수 있다는 이야기다. 반면에, 훈련소에서 제대로 적응하지 못하고 힘들어하면 자대를 배치받아도 힘들어하는 경우가 많았다. 무엇이든지 처음이 제일 중요하다. 첫 단추를 잘 꿰어야 이후의 단추도 자연스럽게 꿸 수 있을 것이다.

그렇다면 훈련소에 잘 적응하여 첫 단추를 잘 꿸 수 있는 방법은 무엇일까?

누군가는 당신을 지켜보고 있다

내가 자대 배치를 받고 한 달쯤 됐을 때 우리 부대 행정보급관이 내 삼촌이라는 소문이 돌았다. 총 세 명의 선임이 나를 찾아와 묻기까지 했다. 시작은 이러했다.

어느 날 한 선임이 생활관 문을 벌컥 열면서 내게 물었다.

"유섭아! 진짜 너의 삼촌이 행정보급관님이셔?"

나는 난생 처음 듣는 소리에 "아닙니다! 절대 아닙니다!" 하고 말씀드렸다. 완전 헛소문이었다. 왜 이런 소문이 퍼지게 되었을까?

사건의 전말은 시간을 거슬러 훈련소 때로 넘어가게 된다. 때는 내가 육군훈련소 30연대 2중대 2소대에서 훈련병으로 있을 때의 일이다. 이왕 입대한 군대 생활, 열심히 해보자는 마음으로 중대장 훈련병을 지원해서 2중대를 대표하는 훈련병이 되었다. 쉽게 말하면 200명 정원인 학교의 회장이라고 생각하면 된다. 중대장 훈련병으로 생활하게 되면서 나는 입소식과 총기 수여식을 진행했고, 훈련을 나갈 때마다 맨 앞에 혼자 서서 행진을 이어갔다. 처음에는 힘들어서 힘든 훈련에 열외도 하고 싶고 풀어진 모습도 보이고 싶었지만 200명 대표라는 사명감 때문인지 힘들어도 힘든 척을 못 했다. 또 풀어진 모습을 보이는 것도 매우 조심했다. 자대 배치 후 알게 된 사실이지만, 이런 내 모습을 본 소대장님께서 내 훈련 참여도를 높게 평가한 글을 인적 사항에 적어주셨다.

자대 배치를 받으면 당시 훈련소 기록이 함께 넘어가기 때문에 자대 배치를 받은 부대에서도 그 기록을 참고하게 된다. 자대 배치 후 행정보급관과 면담할 때 "오! 유섭이 훈련소에서 열심히 했나 봐. 이런 거 귀찮아서 소대장들 잘 안 적어 줄 텐데" 하셨다. 그제야 훈련소 소대장께서 나에 대해 좋은 기록을 써주셨다는 것을 알게 되었다. 자대 배치 후 첫 이미지가 중요한데 그런 면에서 난 어느 정도 큰 점수를 받게 된 셈이다. 순간, 훈련소에서 열심히 하길 잘했다는 생각이 들었다. 그런 후 행정보급관은 이어서 한마디를 더 하셨다.

"어? 잠깐만? 김 중위가 훈련소 때 네 소대장이었어?"

나는 의아해하며, "네, 그렇습니다!" 하고 말씀드렸다. 행정보급관은 갑자기 전화기를 꺼내 누군가에게 전화를 거셨다. 바로 훈련소 때 소대장에게 거는 것이었다.

"뚜…… 뚜……"

통화음이 이어지다 연결되었다. 전화를 받자마자 행정보급관은 요즘 왜 연락이 없냐는 둥, 어떻게 지내냐는 둥, 네가 배출한 훈련병이 우리 부대로 왔다는 둥 이런저런 이야기를 하셨다. 알고 보니 행정보급관의 여동생이 훈련소 소대장의 아내였다. 행정보급관의 처남이 훈련소 때 소대장이었던 것이다. 우리는 그 소식을 듣고 서로 이런 일이 다 있냐며 박장대소하며 웃었고, 옆에서 듣고 있던 행정병들이 그런 이야기를 우스갯소리로 지나다니며 하다가 소문이 와전된 것이었다.

이를 계기로 행정보급관은 나를 볼 때마다 잘 대해주셨다. 아마 자신의 처남이 배출한 훈련병에다가 처남이 좋은 글까지 남겨주었으니 내게 호감을 가졌던 것 같다. 이 일 때문에 자대 배치 후 한 달간 행정보급관이 나의 삼촌이 아니라고 해명하기 바빴지만, 지금까지도 재미난 추억으로 남아 있다. 또 훈련소 때 만약 내가 힘들다고 훈련을 열외하고 빠진 모습을 보였다면 큰일날 뻔했다는 생각도 스쳤다.

당신도 예외가 아니다. 훈련소는 한 달만 잠시 버티다 가면 되는 곳으로 생각하면 큰 오산이다. 훈련도 제대로 안 받고, 조교들의 말이나 소대장의 말을 잘 듣지 않는다면, 그 행동이 그대로 자신의 인적 사항에 담기고 말 것이다. 누군가는 당신을 지켜보고 있다는 사실을 잊지 말자. 당신의 훈련소 행동을 앞으로 그 누가 알게 될지는 아무도 모른다. 최대한 훈련소 때 열심히 하자. 그래야 자대 배치 후 1년 7개월이 편하다.

훈련소를 함께 보내는 전우들을 기억하라

과거에 힘든 일을 겪고 이겨낸 경험이 있는가? 그렇다면 한번 생각해보자. 그 당시 힘든 일이 생겼을 때 그런 자신을 응원해주는 사람, 격려해주는 사람은 평생 기억에 남지 않았는가? 기쁜 기억도 마찬가지다. 내가 상을 받아서 기뻐할 때 옆에서 진심으로 함께 기뻐해주는 사람이 있다면 그 사람도 평생 기억에 남는다.

나에게는 훈련소 동기가 그러했다. 처음 군대라는 곳에 적응해가며 한 달이란 시간을 함께한 동기들을 지금도 잊지 못한다. 지금 생각해보면 훈련소가 그렇게 힘들었나 싶지만 군 생활 21개월 중 가장 몸이 힘들었던 기간은 첫 훈련소에 있던 한 달이었다. 말로만 듣던 군대에 실제로 입대하여 첫날을 보내기 전까지는 실감이 나지 않는 게 사실이다. 훈련소에서 기초 군사 훈련을 받으며 '아~ 내가 이제 군대라는 곳에 들어왔구나. 앞으로 21개월 동안 이렇게 살아야 하는구나'를 어느 순간 깨닫게 되었다. 그러면서 밥을 먹는 것부터 잠자는 시간까지, 무슨 일을 할 때마다 통제를 받으며 사는 것이 얼마나 스트레스 받는 일인지도 비로소 느낄 수 있었다.

그런 스트레스를 받으며 매일 진행되는 훈련과 체력단련은 점점 나를 지치게 했다. 하지만 그럴 때마다 서로를 응원해주고, 포기하고 싶을 때 잡아줬던 사람들이 바로 같이 훈련을 받는 훈련소 동기들이었다. 서로 나이도 다르고 사회 경력도 다르고 지역도 달랐지만, 군대라는 곳에 처음 적응해나가는 사람이라는 공통점 하나로 똘똘 뭉치게 되었다. 우리를 못살게 굴었던 조교를 같이 욕하며 스트레스를 풀었으며, 훈련소에 들어온 지 2주 만에 인터넷 메일로 여자친구에게 이별을 통보받은 동기를 한마음으로 위로해주었다. 훈련소 기간을 마치면 어디로 가게 될지 서로 몰랐지만 빡센 부대나 전방으로 가지 않기를 기도해주며 지냈다.

그렇게 지내다 보니 훈련소 40일이란 기간은 눈코 뜰 새도 없이 빠르게 지나갔다. 나는 함께 동고동락한 생활관 동기 열다섯 명 중 나이가 두 번째로 많았다. 스물여섯 살 형과 스물두 살인 나 그리고 스물한 살 동생들 열 명. 훈련소 기간 동안 나는 작은 형이라 불리며 그들과 함께했다. 훈련소 기간, 그들이 없었다면 그저 힘들었던 기억만 남았을 것이다. 그래서 20개월 동안 함께한 자대 동기들보다 훈련소에서 한 달을 보낸 동기들이 더 마음이 간다. 꼭 훈련소에서 좋은 전우들을 만나길 바란다.

★ ★ ★

일병 적응법:
열심히 움직이자

작대기 두 개. 더 이상 훈련병도 막내
도 아니다. 막내 탈출이다. 물론 군번이 꼬이면 일병 때까지 후임
이 없는 막내로 지낼 수도 있다. 그래도 보통 일병이 되면 한두 명
의 후임도 받게 되고 이제는 친한 선임들도 조금씩 생기며 부대가
어떻게 돌아가는지 큰 그림을 볼 수 있게 된다. 일단 적응을 어느
정도 한 시점이다. 나의 군 생활을 되돌아보면 일병 기간인 7개월
이라는 시간이 언제 지나갔나 싶을 정도로 쏜살같이 지나갔다. 다
른 동기들과 이야기를 나눠봐도 어떤 계급보다 일병 땐 왜 그렇게
시간이 빨리 지나갔나 싶을 정도로 신기해한다.

그 이유는 딱 하나다. 정말 바빴기 때문이다. 일병은 군대에서

이름 그대로 '일하는 병사'다. 그 어떤 계급보다 일을 많이 한다. 하루 종일, 주야장천, 일만 하는 시기가 일병 때다. 일병이 되면 더이상 실수를 해도 이등병 때처럼 선임들이 그냥 눈감아주지 않는다. 조금씩 부대 내 일이나 자신이 맡은 보직에 익숙해져 잘하게 되어야 한다. 상병이 되기 전 부대의 모든 일과 자신의 보직을 마스터해보자.

'나'다 싶으면 움직여라. 일병 땐 항상 '나'다

지금은 '국방개혁 2.0'의 영향으로 내가 입대를 했던 시기보다 정말 많은 부분에서 변화가 많이 일어났다. 군 안에서 그동안 병사가 해오던 일들을 이제는 군무원 그리고 민간기업이 맡아 하므로 병사들의 여건이 더 좋아지는 추세다. 그래도 기본적으로 군인에게 빠질 수 없는 것이 바로 '작업'이다. 입대 후 상병이 되기 전까지는 이 '작업'에서 벗어날 수 없다. 물론 조교로 교육 지원을 모두 나가면서 말이다. 오늘도 어김없이 방송이 나온다.

"막사 내 잔류 인원은 13시 30분까지 1층 중앙계단으로 모여주시면 됩니다."

일병 때는 무조건 빨리 나가야 한다. 작업을 하기 위해서가 아니다. 바로 안 나온 선임들을 찾으러 다녀야 하기 때문이다. 작업 방송을 할 때면 한두 명씩 늘 안 보인다. 그러면 담당 간부님은 노발대발한다. 이때 곧바로 일병이 출발해야 한다. 일병이야말로 선임들의 생활관을 다 파악하고 있으며 선임들이 어디에 잘 숨는지를 알고 있는 사람이기 때문이다. 일병들이 선임을 찾으러 가면 선임들은 대개 자고 있거나 숨어 있기 일쑤다. 말년 병장님들은 한 번씩 "유섭아, 나 없다고 해주라" 하기도 한다. 그때는 센스 있게 둘러대며 간부님께 보고하면 된다.

작업이 시작되면 일병이 먼저 솔선수범해야 한다. 이등병은 어떻게 해야 하는지 몰라 얼이 빠져 있고, 선임은 놀고 자빠져 있을 것이다. 만약 청소를 해야 하면 빗자루가 어디 있는지, 걸레가 어디 있는지 이병은 알 턱이 없다. 그래서 바로 시킬 수도 없다. 당연히 일병이 움직여야 한다. 일병이 있는데 상병, 병장을 시킬 수는 없지 않은가.

선임들이 청소도 안 하고 장난 치고 있더라도 크게 신경 쓰지 말자. 그들도 당신과 같은 일병 때가 있었고, 그때는 열심히 일을 많이 했을 것이다. 작업이 있으면 숨어 있는 선임도 찾으러 다니고, 잘 모르는 이등병들 대신 작업 물품도 챙기고, 어떻게 하는 건지 하나하나 설명해주었던 때가 있었을 것이다. 결국 본인도 그런 선임이 되니, 너무 답답해하거나 스트레스 받지 말자. 선임들에게는 선임 대우를 해주자. 그래야 본인이 선임이 되었을 때 이등병들이 일병이 되어 당신의 뒤를 봐줄 것이다. 이런 선순환이 이어질 수 있도록 일병 땐 부지런히 움직이자.

선임들은 선임으로 대하자

일병이 되면 부대 내 있는 사람들의 얼굴을 대부분 익히게 된다. 거기서 정보가 더 쌓이면 선임들마다 사회에서 무엇을 하다 왔는지 나이는 어떻게 되는지도 알게 된다. 하지만 군대는 계급사회다. 내가 나이가 어떻고, 사회 경력이 어떤지는 그다지 중요하지 않다. 그래도 나이가 조금 있으면 후임이라도 예의를 조금 받쳐주는 것이 낫다.

복도를 지나가며 만날 때마다 귀엽다며 내 볼을 꼬집고 가는 선임이 한 명 있었다. 누군가 내 얼굴을 만지는 것 자체를 별로 좋아하지 않았지만 후에 그 선임이 나보다 한 살 어린 동생이었다는 사실을 알게 된 후 순간 분이 나서 얼굴이 시뻘게졌다. 하지만 분이 난다고 내가 어떻게 하겠는가? 선임은 선임이다. 인정하고 마음을 내려놓으면 한결 편해진다. 자신이 후임인데 선임보다 나이도 많고 사회 경력도 많다고 선임을 선임으로 대하지 않는다면 불편한 상황만 생길 뿐이다.

사람마다 군대를 오게 된 사정이 다 다르다. 누구는 대학교 1학년을 마치고 오고, 누구는 취직을 했다가 영장이 나와 휴직을 하고 오기도 한다. 우리 부대에는 멋진 후임 형이 있었다. 최연소로 학사, 석사, 박사까지 하다 온 형이었다. 가방끈도 길고 나름 최연소라는 타이틀도 있으니 자신보다 나이도 사회 경력도 없는 선임들을 보고 그저 그렇게 대할 수도 있었을 것이다. 하지만 그 후임

형은 어떤 다른 후임들보다 깍듯하게 인사하고 일도 더 열심히 하는 모습을 보였다. 선임 입장에서도 그런 태도를 보이는 사람이 후임이면, 후임이어도 존경스런 마음이 생기기 마련이다.

이 책을 읽고 있는 독자들 중에는 늦게 군대를 가는 이도 있을 것이다. 어떤 사유로 늦게 가는지는 모르지만 군대는 사회와는 다른 또 다른 사회이기에 그런 부분을 인정하고 받아들이며 군 생활을 한다면 후임이어도 선임들에게 더 인정받게 될 것이다. 후에는 존경하는 형으로 불리며 나이 어린 선임들이 찾아와 많은 조언들을 구하는 일들이 생길 것이다. 그때는 정말 진심어린 마음으로 그들에게 경험자로서 살아 있는 이야기를 해주면 좋을 것 같다.

상병 적응법: 후임들이 따르는 선임이 되자

"내 밑으로 다 집합!!!" 군대 가면 자주 듣는 말이다. 조금 과장된 면이 있기는 하지만, 실제 나도 저렇게 후임들을 불러 모은 적이 있다. 공개적으로 공지해야 할 사항이 있거나, 누군가 실수를 해서 공개 벌칙을 줄 때가 그러했다. 결국 저 집합은 선임이 후임들에게 하고 싶은 말을 하는 시간을 알리는 소리가 된다. 하지만 그렇게 모여서 선임이 말한다고 모두가 잘 따라줄까? 모두 잘 따라준다고 생각하면 큰 오산이다. 요즘은 리더십보다 팔로워십의 중요성을 많이 이야기하지만, 좌충우돌 20대 초반이 모인 군대에서는 이같이 그럴싸한 경구는 쉽게 통하지 않는다.

상병으로 진급하는 순간, 훈련병에서 상병이 되기까지 꽤 오랜 시간이 지났다는 느낌이 들기 마련이다. 본인은 군 생활을 꽤 많이 했다고 느끼지만 실상은 그렇지 않다. 이제 군 생활의 반을 해 냈고 앞으로 남은 반을 이어가야 한다. 군 생활을 반 이상 해내고 나면 자신 밑으로 들어온 후임들이 많이 생겨난다. 더 이상 막내도 아니고 일만 하는 일병도 아니다. 이젠 어느 정도 선임 행세를 해야 하며 간부가 일을 시키면 그것을 후임들에게 전달해서 함께 이끌어갈 일도 종종 생긴다. 후임이 많이 생기는 시점인 상병 때 는 선임을 대하는 법보다는 후임들을 대하는 법을 잘 익힐 필요가 있다. 자신을 잘 따라주는 후임들이 많이 생길수록 군 생활이 재 미있어지고 기억에 남는 추억들도 많이 남길 수 있을 것이다.

후임에게 말할 때는 말의 온도를 조심하라

'내 편이 아니더라도 적은 만들지 마라'라는 말이 있다. 군 생활에서 적을 만드는 것은 자기 무덤을 파는 격이다. 자신의 이익만 챙기고 다른 사람을 신경도 안 쓰는 사람을 볼 때면 마음이 아프다. 결국 그 사람은 적이 많아져 '마음의 편지'를 통해 누명을 쓰기도 하고 간부님 몰래 했던 잘못된 행동을 누군가 고발함으로써 불이익을 당하는 경우를 많이 보았기 때문이다.

군대에서는 내 편이 아니더라도 절대로 적을 만들지 말자. 이 말은 사회에 나가서도 마찬가지다. 적이 많으면 피곤하다. 내가 먼저 상대를 존중해야 상대도 나를 존중한다는 사실을 알아야 한다. 내가 존중받고 싶은 만큼 상대를 존중해주어야 한다.

하지만 때로 후임들과 생활하다 보면 존중해줘야 할 때를 놓치는 경우가 생긴다. 나보다 계급이 낮다는 이유만으로 반말을 하게 되는 곳이다 보니, 나이가 많은 형이나 사회에서는 인생 선배가 될 수 있는 사람에게 말과 행동을 지나치게 하는 경우가 생긴다. 꼭 나이나 사회 경력으로 사람을 대하면 안 되지만, 나보다 나이도 어리고 사회 경험도 없는 어린 친구가 군대에 빨리 왔다는 이유 하나만으로 자신을 하대하듯 대하면 기분이 나쁜 것은 인지상정이다.

군대도 엄연히 사람들이 모인 사회다. 최소한의 예의와 존중은 필수다. 상병이 되면 후임이 많이 생기고 선임들보다 후임을 대하는 빈도수가 늘어나게 되니 특히 유의하자. 그 후임도 자신처럼 사람이며, 하대당한다는 느낌을 받으면 기분 나빠하는 똑같은 사람임을 잊지 말자. 상대를 존중하며 후임을 대하면 후임은 자연스레 나의 편이 되어준다.

간부가 지나가다 작업을 자신에게 시킨다고 가정해보자. 갑자기 생긴 작업이라 후임들을 모아야 하고 어떤 작업인지 설명도 해야 하며 숨어 있는 선임들도 찾아야 한다. 이때 후임들을 시켜서 분대원들을 모아야 하는데 어떻게 이야기를 하면 좋을까? 흔히 군대에서는 "막내! 너 위로 다 데려와!"라고 지시한다. 그러면 막내는 자기 위로 있는 선임들의 생활관을 찾아가 일일이 작업이 있다고 이야기하며 오기 싫어하는 선임은 잘 달래서 데려와야 한다. 이때 막내에게 조금이라도 상대를 존중하며 부탁하는 느낌으로만 말해도 큰 차이가 난다. 아주 미묘한 차이지만 그 차이로 인해 듣게 되는 당사자의 감정이 달라진다.

"막내! 너 위로 다 데려와줄 수 있겠어?"

이렇게 단어 몇 마디만 바꿔도 말에서 느껴지는 온도가 다르다. 후임이라고 다 자기보다 낮은 사람이 아니다. 후임도 누군가의 귀한 자식이며 누군가의 친구이며 누군가의 친오빠이자 형제라는 사실을 잊지 말자. 당신이 존중받고 싶은 만큼 상대를 존중하자.

내가 움직이면 모두가 움직인다

후임은 선임을 찾아다니고 선임은 후임을 피해 숨어 다니는 모습. 군대 가면 흔히 볼 수 있는 풍경이다. 작업이 있거나 귀찮은 일이 생기면 선임들은 일단 숨는다. 하기 싫고 가기 싫기 때문이다. 하지만 후임들은 간부님이 찾아오라고 보채니 결국 선임을 찾으러 가야 한다. 나 또한 후임 때는 선임 찾아다니기 바빴다. 내가 선임이 되어서는 후임들의 노고를 알기에 나름 솔선수범해서 작업에 잘 나갔다.

그러던 어느 날, 처음으로 정말 나가기가 싫어서 작업을 나가지 않고 숨어 있었다. 그리고 그날 오후 옆 분대 후임이 날 찾아와 오늘 작업 때 우리 분대에서 아무도 나오지 않았다며 불만을 토로했다. 순간 깜짝 놀랐다. 난생 처음, 군 생활 처음으로 작업에 나가지 않았더니 내 밑으로 한 명도 나가지 않았다니……. 군 기강이 무너졌나?

나중에 알고 보니 나름대로 다 사정이 있었다. 분대원 모두 사정이 있었지만 우연히 내가 안 나간 날 모두가 안 나온 것도 하나의 이유가 된다고 생각해 그 뒤로는 꼬박꼬박 잘 나가야겠다고 결심했다. 그 이후 작업에 내가 빠짐없이 잘 나가자 후임들도 열심히 하는 모습을 보이기 시작했다. 선임들이 나오는데 후임이 안 나올 수 없는 노릇 아닌가. 리더가 움직이면 리더를 따르는 사람도 움직인다. 결국 위가 움직여야 아래가 움직인다. 자신이 모범을 보여야 후임들도 그것을 보며 배운다.

군대에서 내가 가장 듣기 싫었던 말이 있었다. 바로, "지는?"이다. 자기도 못하면서 남에게 지적하는 일, 너무 우스운 일이 아닌가. 자신도 잘 안 씻으면서 상대보고 더럽다고 씻으라고 한다면 상대는 속으로 무슨 생각을 하겠는가. 자신도 성격 안 좋으면서 상대보고 성격 고치라고 한다면 상대는 속으로 뭐라고 생각할까? 바로, "지는?"이다. 자신이 먼저 그 말을 할 입장이 되는지 파악하자. 그렇다면 당신이 후임들에게 당당히 이야기할 수 있다. 그저 선임이라는 간판만 가지고 후임들을 대한다면 앞에서는 별 탈 없지만 뒤에선 "지는?"이라는 말을 듣게 될 것이다.

내가 후임일 때 자신은 작업 때마다 숨으면서 한 번씩 나올 때마다 후임들에게는 작업 똑바로 안 한다며 잔소리하던 선임이 있었다. 그 선임만 보면 청개구리처럼 오히려 말을 듣기 싫어졌다. 하지만 매번 가장 먼저 와서 솔선수범하며 작업하는 선임의 말은 꼭 새겨듣게 된다. 그 선임이 후임들에게 작업 똑바로 하자고 하면 후임들은 다 그 말을 들었다.

상대를 지적하고 싶다면 먼저 자신의 모습을 보자. 본보기가 되는 사람은 그 말을 할 자격이 된다. 당신이 움직이면 모두가 충분히 납득하며 움직여줄 수 있는 그런 사람이 되어보자. '아, 저 선임이 말하는데 무조건 들어야지!' 하는 '저 선임'이 되길 바란다.

★ ★ ★

병장 적응법:
사회로 나가기 전 골든타임

　　나는 육군임에도 총 7개월 동안 병장 생활을 했다. 이 일로 부대 내에서도 나를 신기한 눈빛으로 바라보았다. 보통 육군은 병장을 3개월에서 4개월 정도 하는데 나는 조기진급으로 병장을 7개월 동안 했다. '저 선임은 도대체 언제 가나?' 하며 쳐다보는 후임들도 종종 있었다. 병장을 오래 해서 좋았던 점은 월급을 더 많이 받는 것 이외엔 딱히 없었다. 다만 병장으로 시간을 보낼수록 내가 집으로 돌아갈 날도 얼마 남지 않았음을 체감할 수 있었다. 병장은 군 생활의 마지막 계급이며 병장하면 군 생활을 다 한 듯한 기분이 들게 했다.

　　나는 전역이 많이 남은 병장이었지만, 정말 전역을 코앞에 둔 선임들과 이야기를 나눌 때면 그들이 마냥 기뻐하지만은 않는 모습을 자주 본다. 군대에서는 밥 먹을 걱정과 잠잘 곳을 걱정하지 않아도 된다. 입을 옷도 정해져 있고 해야 할 일도 정해져 있다. 하지만 사회에 나가면 당장 모든 것이 180도 바뀐다. 무엇을 하고 어떻게 살아야 하는지, 하나부터 열까지 생각해야 할 것투성이다. 이런 사실을 우리는 모두 알고 있다.

특히, '나 앞으로 뭐하지?', '전역하고 뭐하지?' 하는 고민은 모든 전역 예정자들의 공통된 고민이리라. 복학을 할 학교가 있어도 전과를 고민하거나 휴학을 고민하기도 하고, 돌아갈 학교가 없는 선임은 아르바이트 자리를 미리 찾아보기도 한다. 그토록 사회로 돌아가고 싶어 했던 이등병, 일병의 마음은 온데간데없고 전역 후의 미래를 걱정하는 안타까운 심정만이 전역을 앞둔 선임들의 머릿속을 가득 채우고 있을 뿐이다.

전역 전 3개월 동안 한 가지만 파자

그렇다면 왜 전역하는 것이 마냥 기쁘진 않을까? 바로, 사회로 멋지게 나가 새 출발을 할 멋진 무기가 없어서다. 전역을 기다리는 사람의 부류는 크게 두 가지로 나뉜다. 첫째는 전역 날짜만 세어가며 기다리는 부류이고 나머지는 자신이 사회로 들고 나갈 무기를 만들며 기다리는 부류다. 전역 날을 기다리는 것은 공통점이 되겠지만 전역 직전의 모습을 보면 어떤 부류인지 금방 알아차릴 수 있다. 이는 시험을 치는 날과 비슷하다. 시험 준비를 열심히 한 학생은 시험 날을 기다리며 떨지 않는다. 오히려 기대한다. 지금 껏 자신이 준비한 것을 보여줄 수 있으니 말이다. 반대로 시험 준비를 제대로 하지 못한 학생은 시험 날이 다가오지 않길 바란다. 준비가 안 되어 있기 때문이다.

준비된 사람은 늘 당당하고 자신감이 있다. 하지만 준비되지 못한 사람은 늘 불안해하며 자신감이 바닥을 친다. 그렇다고 전역 3개월, 4개월을 놔두고 사회로 나갈 준비가 하나도 안 되어 있다며 불안해할 필요는 없다. 군대에서 누구도 사회로 나갈 발판을 준비해야 한다고 말한 사람도 없었을 것이며, 강요받은 적도 없었을 테니 말이다. 하지만 적어도 이 책을 읽는 독자라면 조금이라도 전역을 더 기대하며 멋진 무기를 들고 기다리는 사람이 되었으면 좋겠다. 이것이 내가 이 책을 쓰게 된 궁극적인 목적이다. 이왕 가게 된 군대에서 자신의 위치에서 해볼 수 있는 최고의 것을 만들고 전역을 기다렸다가 전역 후 멋진 제2의 인생을 시작할 수 있는 일에 조금이나마 도움이 되고자 이 책을 쓰게 되었다.

최근 나는 불면증이 생겼다. 전역 후 내가 목표하는 일들을 멋지게 해낼 것만 같은 기대감과 멋진 미래가 자꾸 밤마다 그려지는 까닭이다. 너무 설레는 미래 때문에 잠에 쉽게 들지 못한다. 하루는 자다가 새벽 1시에 벌떡 일어나 몰래 사이버 지식 정보방에 가서 컴퓨터를 켜고는 지금 내가 느끼고 있는 이 뜨거운 감정과 열정을 글로 적어본 적도 있다. 나 또한 전역을 앞두고 설레는 이유는 적어도 한 개의 '필살기'를 장전 중이기 때문이다. 정말 좋은 아이템 하나만 있어도 자신감이 생길 것이다. 늦었다고 생각하지 말자. '아~ 곧 전역인데 군대에서 한 게 하나도 없네' 하며 포기하지 말자. 3개월만 투자해보자. 100일이면 무엇이든 해볼 수 있다. 대신 한 가지만 깊이 파보자. 한 가지를 3개월 동안 꾸준히 해보길 추천한다.

글쓰기를 추천한다

군대에서 나는 총 두 권의 책을 집필했다. 한 권은 바로 당신이 지금 읽고 있는 책이고, 한 권은 네이버 클라우드에 소중하게 저장되어 있는 '나의 이야기'로 아직 세상에 나오지 않은 책이다. 이곳에는 내가 태어나서 입대 후 지금까지 살아온 이야기가 담겨 있다.

책 한 권을 묶기 위해서는 A4 용지로 100페이지 내외를 써야 한다. 아니면 40개 정도의 소재를 골라 한 소재당 2페이지 정도를 쓰는 것도 좋다. 3개월 동안 매일 꾸준히 적어본 '나 손유섭이 살아온 22년간의 역사'는 딱 책 한 권으로 묶을 수 있는 분량이었다.

내가 나의 이야기를 적게 된 계기는 군대에서 우연히 읽은 책《나를 모르는 나에게: 고민하는 청춘을 위한 심리학 수업》(하유진, 책게상, 2017)에 나왔던 문장 때문이었다.

바둑 용어에 복기라는 것이 있다. 이미 승패가 결정된 바둑을 처음부터 다시 두는 것을 뜻한다. 이겨서 좋아도 다시 두고, 져서 기분이 나빠도 다시 둔다. 복기를 하면서 무얼 잘했는지, 어디서 잘못했는지, 상대방의 전략과 수는 어땠는지, 무엇을 더 신경 써야 할지 찬찬히 본다. 다음에 더 멋진 승부를 펼치기 위한 복습이다.

인생에도 복기가 필요하다. 가끔 멈춰 서서 태어나 지금까지 살아온 시간을 되돌아볼 필요가 있다. 과거에 어떤 일이 있었는지, 그때 마음은 어땠는지, 어떤 일이 나를 성장시켰는지 차분히 들여다보는 것이다. 가로세로 몇 뼘밖에 안 되는 바둑판 위에서 몇 시간 동안 진행한 바둑 한 판 승부에도 돌아볼 부분이 많은데 20년 이상 살아온 인생 안에는 얼마나 많을까?

작은 바둑에서도 복기를 통해 다음에 더 멋진 승부를 펼치기 위한 준비를 한다. 하물며 20년 이상을 살다 군대를 온 이 시기만큼 자신의 삶을 복기하기 좋은 환경이 또 있을까? 싫든 좋든 나의 과거이고 그때를 생각하며 무얼 잘했는지, 어디서 잘못됐는지, 나는 어떤 선택과 결정을 했고 어떠한 결과를 맞게 되었는지 찾으면 된다.

좋은 일도 있고 나쁜 일도 있는 인생. 태어나서 지금 이 순간까지 모두 다 내 것이다. 3개월 동안 한번 찬찬히 들여다보며 인생의 답을 찾는 과정을 꼭 해봤으면 좋겠다. 글을 쓰는 것만큼 최고의 자기계발은 없다. 자신이 지나온 삶을 뒤돌아보며 적어보면 이전과는 다른 느낌이 들 것이다. 나는 그렇게 적은 나의 이야기를 후에 책으로 엮어볼 생각이다. 두서없이, 형식 없이 막 나의 과거의 이야기와 감정 그리고 생각을 쓴 것이라 부끄럽기도 하다. 하지만 그렇게 적어본 나의 인생은 그리 나쁘지 않았다. 그리고 더 성장할 수 있을 것만 같다.

나는 군대에서 지난 22년간의 복기가 끝났다. 이젠 어떤 일이 나를 성장시켰는지 알게 되었고, 무엇을 해야 내가 행복하며, 나는 어떤 인생을 살기 원하는지 확실히 알게 되었다. 나는 이제 곧 사회로 나간다. 자신 있다. 내가 가진 무기는 그 누구보다 나를 잘 안다는 것이다. 손유섭이라는 사람을 그 누구보다 내가 더 잘 안다. 어떻게 하면 이 손유섭이 사회에 나가 성장하며 행복하게 살아갈 수 있는지 그 방법 또한 안다. 나는 이를 군대에서 알게 되었다. 이제는 하면 된다. 실행으로 옮길 일만 남았다. 기대가 된다.

당신도 전역 전 자기만의 무기를 만들기 원할 것이다. 하지만 최고의 무기는 자기 자신임을 잊지 마라. 꼭 한번 당신의 지난 이야기들을 글로 써내려가며 깊은 자아 성찰을 해보기를 적극 추천한다.

2018년 발표된 〈국방개혁 2.0〉에 따르면 봉급 인상이 단계별로 실시될 예정이다.

1단계(2018년, 88% 인상)

구분	봉급액
병장	405,700
상병	366,200
일병	331,300
이병	306,100

2단계(2020년, 33% 인상)

구분	봉급액
병장	540,892
상병	488,183
일병	441,618
이병	408,071

3단계(2022년, 25% 인상)

구분	봉급액
병장	616,115
상병	610,173
일병	552,023
이병	510,089

CHAPTER 3

극한

상황별

적응법

★ ★ ★

당신도 실수로
탈영할 수 있다

나는 군 생활을 하면서 역대급 사건 두 가지를 겪었다. 첫 번째는 바로 탈영이다. 그러나 나의 탈영은 완전한 '실수'였다. 일반인들에게 '탈영'은 무시무시한 느낌을 준다. 뉴스에서 접하는 '탈영' 소식이 대개는 사건 사고로 분류되어 전해지기 때문이다. 그래서 '탈영'이라고 하면 무조건 부정적으로, 무슨 범죄에 연루된 것으로 인식하기 쉽다.

하지만 탈영은 의외로 사소하게 벌어진다. 휴가를 나갔다가 복귀 일자를 까먹고 당일에 복귀하지 않았다면 그것도 탈영이 된다. 나는 첫 번째 탈영 사건을 통해 군 생활에서 가장 중요한 것이 무엇인지를 깨달았다. 이 이야기는 아래에서 고백하겠다.

두 번째 역대급 사건은, 민간인에게 신고를 받아 감찰 조사를 받은 일이다. 이때가 나의 군 생활이 위기를 맞은 순간이었다. 나의 두 사례를 듣고 모쪼록 군 입대를 앞둔 사람이나 이미 입대한 이들이 나와 같은 위기의 순간을 맞이하지 않았으면 한다.

부대를 발칵 뒤집다

첫 번째 탈영 사건의 전모를 밝히자면, 보고를 하지 않은 나의 불찰 때문이었다. 학교 지휘통제실 당직 근무를 서던 어느 날이었다. 밤샘 근무를 마치고 교회로 곧장 가게 되었다. 그날 군부대 교회에서 문화 활동의 일환으로 간부의 인솔 아래 외부 영화관에 간다는 소식을 들었기 때문이다.

사실 근무가 끝나면 막사로 복귀해서 근무 복귀 보고를 하는 게 기본이다. 하지만 마침 그날은 주말이었고 당직 사령이 200명이 넘는 병사들의 인원 체크를 일일이 하지 않는 이상 내가 어디 갔는지 알 수가 없었기에 안일하게 생각하고 말았다. 게다가 막사로 갔다가 다시 교회로 가기도 귀찮았기에 근무가 끝나자마자 바로 교회로 가버렸다. 근무를 마치는 아침 9시가 영화관으로 출발하는 시간이기도 했다. 전날 근무 투입 직전에 급하게 군 종병이 영화관 이야기를 해준 터였고, 밤샘 근무를 서다 보니 생활관 동기들에게도 내가 다음 날 근무가 끝나면 어디로 가는지 말할 새가 없었다.

나는 그렇게 근무가 끝나고 간부의 차를 타고 영화를 보러 갔다. 재미있게 영화를 보고 밖으로 나와 밥을 먹고 있는데 간부 휴대폰으로 전화가 한 통 걸려왔다.

"혹시, 거기에 손유섭 상병 있습니까?"

그리고 나는 전화를 건네받게 되었고, 내가 보고를 하지 않고 나온 것으로 엄청난 후폭풍이 있었다는 사실을 듣게 되었다. 그날 당직 사령께서 식사 집합을 하며 인원 체크를 하셨는데 아무도 내 소재를 몰랐고, 근무가 끝나고 복귀해야 하는 시간인데 근무 종료 이후 나를 본 사람이 아무도 없었던 것이다. 그래서 당직 근무자들을 시켜 부대 내에 건물을 싹 다 돌게 지시하고 수송부에 협조를 구해 차를 빌려 부대 전체를 몇 바퀴 돌았다고 했다. 그리고 방송으로 "손유섭 상병, 지금 즉시 행정반 앞으로 와주시기 바랍니다" 하는 방송을 몇 차례 했다고 한다. 그러다 교회를 다니던 선임 한 명이 오늘 교회에서 문화의 날 행사로 영화관에 간다고 했는데 혹시 손 상병이 거기에 갔을 수도 있으니 연락을 해보는 것이 좋겠다고 하여 마침 전화가 걸려온 것이었다. 더 무서웠던 것은, 전화 직전에 나를 탈영으로 상급부대에 보고할 뻔했다는 사실이다. 다행히 병사들이 모범 병사로 조기진급까지 한 병사인데 탈영을 했을 리는 없다며 더 찾아보자는 분위기를 만들어준 덕분에 시간을 벌 수 있었다.

이 사건은 실수였지만 엄연한 탈영이 맞았다. 휴가도 아니었고, 정식으로 보고한 것도 아니었으니 말이다. 함께 영화관까지 인솔한 간부도 당연히 보고된 병사인 줄 알고 나를 데려간 것이다. 나는 영화 보고 밥 먹고 밖에서 할 것은 다하고 엄청 혼날 것을 예상하며 부대로 복귀했다. 나의 예상과 달리 당직 사령께서는 나를 혼내지 않으셨다. 오히려 나를 걱정하셨다며 다독여주었다. 혹시나 내가 근무를 마치고 복귀하다 잘못되지는 않았나 싶어 애타게 찾은 것이었고, 아무런 사고 없이 돌아와주어 고맙다고 하셨다. 순간 감동을 받고 다음부터는 보고를 잘해야겠다고 결심했다.

이 사건을 계기로 어디를 이동하든, 사소한 것 하나까지 보고하는 습관을 잃지 않았다. 나중에 선임이 되었을 때는 내 사례를 후임용 교육 자료로 삼기도 했다.

국방신문고에 신고당하다

나는 군 입대를 하고 나서야 SNS를 시작했다. SNS 마케팅 분야의 책을 읽다가 그 분야에 관심이 생겨 SNS에 '나'라는 사람이 어떤 사람인지 알리는 작업을 하기 시작했다. '꿈'에 대해 관심이 많던 나는 군대에 있는 20대 청춘들의 꿈을 인터뷰하며 그들로부터 듣게 된 꿈들을 하나의 작품으로 만들고자 했다. 후임에게 부탁해서 꿈을 일러스트로 그리고 간부에게는 캘리그라피를 부탁해 멋진 글씨로 바꾸었다. 그리고 SNS에 주변 지인들의 꿈을 글과 그림으로 바꾸어 조금씩 올리기 시작했다. 누군가의 꿈을 한 문장과 한 그림으로 표현해서 만드는 '꿈 글귀' 프로젝트였다. 그러던 중 군대에서 책을 쓰게 되었고, 이 일을 SNS에 게시한 적이 있다. 나중에 책이 나오면 홍보하기 위한 사전 작업이었다. 게시한 사진은 출판사 대표 앞에서 내가 쓰고 싶은 책의 콘셉트와 주제를 발표 하는 사진이었다.

그로부터 얼마 후 부대 내 방송이 들렸다.

"막사 내 손유섭 병장, 지금 즉시 인사과로 가주시기 바랍니다."

군 입대 후 인사과는 가본 적이 없었는데 이상한 일이었다. 나는 "뭐지?" 하며 의문에 빠졌다. 간부가 부르는 경우는 보통 두 가지다. 칭찬할 일이 있거나 잘못한 일이 있어 혼내거나. 나는 그중 후자 쪽에 가까운 분위기가 들어 조심히 인사과로 들어갔다. 들어가니 간부는 종이 한 장을 들고 어두운 표정으로 나를 기다리고 있었다. 예상은 했지만 생각보다 더 엄한 분위기에 당황했다.

간부는 차근차근 상황을 설명했다. 누군가 나를 국방신문고에 신고한 것이다. '군인이 이런 활동을 해도 되느냐' 하는 식의 신고였다고 했다. 내 사건은 그렇게 1차로 정작과로 넘어갔다가 2차로 법무실까지 넘어갔다. 징계위원회가 열리면 그동안 모아둔 포상 휴가 18일이 모두 사라질 위험이 있었다. 다행히 조사 결과 큰 문제가 될 군 위반 행위는 없었던 것으로 판결이 났다. 다만, 절차상 조사를 받고 그 결과를 신고한 민간인에게 전달해야 하는 규정이 있어 조사를 받게 된 것이다. 그래도 누군가 부정적인 시선으로 신고 절차도 까다로운 국방신문고에 신고를 한 이 사건은 내게 마음의 상처를 주었다. 대장님께서는 그런 마음을 위로하시고 전역 후에는 눈치 받지 말고 하고 싶은 것 다하라며 응원해주셨다.

사실 사회에 있는 민간인이 군인을 신고하면 영창을 갈 수 있을 정도로 영향이 크다. 이번은 큰 무리 없이 넘어갔지만 이 일을 계기로 SNS를 조심하게 되었고, SNS를 통해 누군가 오해를 하고 신고할 수도 있다는 것을 실감했다. 아마 군 입대를 하는 사람들의 연령층이 대부분 SNS를 많이 하는 20대 초반이니 연락을 위해서든 추억을 위해서든 SNS 활동을 많이 할 것이다. 조심하는 게 좋다. 누군가는 당신을 부정적으로 보고 꼬투리를 잡아 신고할 수도 있다. SNS에 군인 신분으로 하는 일을 게시할 때는 무조건 조심하자. 이렇게 두 가지만 잘해도 아무 사건 없이 무탈하게 전역할 수 있을 것이다. 당신은 위기의 순간을 겪지 않는 순탄한 군 생활을 하기 바란다.

★ ★ ★

보직에는
귀천이 없다

의사, 변호사, 판사, 검사, 약사, 박사 등 '사' 자로 끝나는 직업은 전문가라는 인식이 있으며 똑똑하고 돈을 잘 번다고 생각한다. 자기소개 때 "저는 의사입니다", "저는 변호사입니다", "저는 판사입니다"라는 말만 해도 많은 사람들은 그 사람을 높게 평가한다. 하지만 반대로 일용직 노동자, 청소부, 편의점 아르바이트를 한다고 소개하면 사람들은 '사' 자로 끝나는 직업을 가진 사람들처럼 높게 평가하는 경우가 잘 없다.

사실 나도 입대 전까지는 보기 좋고, 남들이 인정해주고, 난 이런 직업을 가졌다고 자랑스럽게 말할 수 있는 일을 하고 싶어 했다. 하지만 군대에 오면서 나의 생각이 편협했음을 느꼈다. 나는 군대에서 보기 좋은 보직이라고 할 수 있는 조교로 군 생활 반을 보냈고, 단순히 서 있기만 하면 되지만 대개 선호하지 않는 보직인 경계병 근무도 했다. 그렇게 두 가지 보직을 하며 크게 느낀 것이 있었다. 세상에 존재하는 모든 보직은 소중하며 필요하다는 사실이다.

'넌 군대에서 맡은 게 뭐야?'

"넌 군대에서 맡은 게 뭐야? 18개월 동안 뭐 하면서 지내?"

첫 휴가를 나가서 오랜만에 만나는 지인들이 묻는 질문 1순위다. 부모님도 자신의 아들이 18개월 동안 떨어져서 지내는데 그 기간 동안 어떤 일을 하는지, 힘든 일은 아닌지, 위험한 일은 아닌지 궁금해하신다. 내가 육군부사관학교 조교로 선발되고 부모님 휴대폰으로 문자가 갔을 때, 문자에는 부대 명칭만 뜨고 내가 맡게 된 보직은 적혀 있지 않았다. 그래서인지 훈련소가 끝나고 수료식 때 부모님은 나를 보시자마자 버럭 화를 내셨다.

"너는 갑자기 무슨 바람이 불어서 육군부사관학교를 가냐? 너 직업 군인하기로 했냐? 그런 건 부모님하고 상의를 했어야지!"

부모님은 문자만 보시고 내가 훈련소에 있으면서 직업 군인을 지원해 육군부사관학교에 가는 줄로 아셨던 것이다. 나는 웃으며 조교로 선발되어 가는 것이라고 말씀드렸고 그제야 부모님은 마음을 푸시며 잘됐다고 하셨다. 나중에 안 사실이지만 부모님은 그

때 내가 조교를 하면 힘이 들지 않을까, 몸을 다치진 않을까 노심초사하셨다고 한다. 부모님은 어떤 보직을 맡든 아들이 가장 안전하게 다치지 않는 보직을 원하신 것 같다.

부모님 외에 다른 사람들이 나에게 보직이 뭐냐고 물어보면 "육군부사관학교 조교입니다"라고 이야기했다. 나름 조교라고 하면 누군가를 가르치고 지도하고 이끄는 일이며, 또 선발되는 사람들이기 때문에 주변에서도 "오~ 조교! 멋있다"라고 말해주는 경우가 많았다. 나 또한 선발된 자원이라는 생각에 나의 보직을 말할 때마다 뿌듯하기도 했다. 하지만 내가 조교로 군 복무를 마친 것은 아니다. 예상치 못한 조교 감축 명령으로 군 생활의 반은 경계병이 되었다. 경계병이 되었어도 휴가 때 누군가 보직이 뭐냐고 물어보면 그냥 조교라고 했다. 왠지 경계병하면 단순 일을 하는 비선발 인원인 데다 조교보다 멋있어 보이지 않았기 때문이다. 하지만 경계병으로 군 생활의 반을 이어가며 새로운 깨달음을 얻게 되었고, 자신이 군대에서 어떤 보직을 맡았든 자부심을 가져도 된다고 생각하게 되었다.

누군가는 쓰레기를 치워야 한다

GOP 경계병들은 나름 '최전방 수호병'이라는 명분 아래 북한과 마주보며 나라를 지킨다는 자부심을 한껏 느낄 수 있지만, 후방은 다르다. 북한군은커녕 개미새끼 한 마리 안 보이는 곳을 단지 '초소'라는 이유로 두 명씩 짝을 지어 하루에 네 번, 한 시간 30분씩 근무를 서야 한다. 내가 옮겨 간 부대에는 조교들만 있던 교육지원대와는 달리 다양한 보직들이 있었다. 밥을 하는 급양, 운전을 하는 수송, 병사들의 머리를 자르고 작업을 하는 이발, 행사를 지원하는 군악, 통신 관련 문제를 해결하는 통신 등 다양했다.

조교 때와 달리 다양한 보직을 가진 사람들과 함께 지내다 보니 나의 인식이 점점 바뀌기 시작했다. 특히 본부근무대에서는 부대 전체 쓰레기가 모이는 쓰레기장을 관리했다. 조교 때 아침마다 소대원들과 함께 교육지원대에서 나온 쓰레기를 쓰레기장으로 옮기며 종종 갔던 곳이었다. 가면서 쓰레기장을 관리하는 병사들을 보며 "와, 쟤들은 2년 동안 쓰레기장만 정리하는 거야?" 하면서 한편으론 안타깝게 생각하기도 하고, '난 저 보직을 안 맡아서 다행이다' 하며 속으로 생각했다. 하지만 실제로 쓰레기장을 관리하는 본부근무대에 와보니 쓰레기장 이외의 다른 일들도 맡고 있었으며 묵묵하게 일하는 모습이 멋있어 보였다.

그 일을 하는 병사들 중에 친해진 병사가 있었다. 나는 그에게 물었다.

"매일 아침마다 쓰레기장에 가서 소대들이 쓰레기를 제대로 버리는지 관리하고 쓰레기차 오면 쓰레기 싣고 하는 게 힘들고 싫을 때가 많지 않아?"

그러자 후임은 이렇게 대답했다.

"저도 처음에는 그렇게 생각했는데 조금씩 하다 보니 남들이 싫어하는 일을 소명을 가지고 묵묵히 할 때마다 이를 알아주며 인정해주는 사람들이 생기더라고요. 다른 부대에는 저희보다 더 힘들고 어렵고 더러운 일을 하는 보직이 또 있을 거예요. 이왕 온 거 불평하기 보다는 제 일이다 생각하고 하고 있습니다. 또 결국 누군가는 해야 하는 일이고요."

나는 이 말에 감동을 받았다. 솔직히 누가 군대에 와서 쓰레기장 관리하는 일을 하고 싶어 하겠는가? 집에서는 자기 방도 정리를 못해 혼나는 마당에 말이다. 내가 하지 않으면 결국 그 일을 누군가는 해야 한다. 그래야 세상이 돌아가기 때문이다. 세상을 살아가는 모든 사람들이 보기 좋은 일만 할 수는 없다. 보이지 않는 곳에서 남들이 하지 않는 일을 소명을 가지고 묵묵히 해나가는 사람들이 있다. 이 세상은 그런 사람들이 존재하기에 지금까지 굴러온 것이라고 나는 생각한다.

나는 후임의 말을 듣고 보직에서 가장 중요한 것은 소명임을 깨달았다. 하지만 또래상담병으로 부대 내 200명을 상담하고 주변 친구들과 이야기를 나눠보면 대개는 이러한 소명보다는 이전의 나처럼 좋은 평가를 받는 직업, 보수가 좋은 직업을 선호하는 편이다. 어찌 보면 당연하다. 누가 힘들고, 어렵고, 더러운 일을 하고 싶어 하겠나? 하지만 누군가는 남들이 하기 싫어하는 그 일을 지금도 하고 있으며, 또 그 일은 계속 누군가는 해야 함을 잊지 말자. 그리고 만약 당신이 그런 일을 하게 될지라도 남들과는 다른 소명 의식을 가지고 해보자. 그러면 그 일은 남들에게 평가조차 받을 수 없는 정말 고귀한 자신만의 업이 될 것이다.

당신이 어떤 보직을 맡게 될지, 어떤 보직을 맡고 있는지, 어떤 보직을 맡았었는지는 중요하다. 하지만 본인이 하고 싶은 일만 할 수 있는 것이 아니다. 자신과 전혀 맞지 않는 일을 18개월 동안 하게 될 수도 있다. 보직에 귀천은 없다. 자신이 맡은 보직이 최고 보직임을 잊지 말자. 나 또한 그 이야기를 듣고 창피해했던 경계병의 임무에 자부심을 가지기로 했다. 아무것도 하지 않고, 하루 종일 그냥 멀뚱멀뚱 서 있는 일이긴 하지만 누군가는 이 일을 묵묵히 해야 한다. 멀뚱멀뚱 서 있다가 군 생활을 아무런 뿌듯함 없이 전역하게 될지라도, 그저 세상이 잘 돌아가기 위해서는 반드시 존재해야 하는 대체 불가능한 보직이라 생각했다. 최고 멋있는 보직을 맡으려 하기보다는 자신이 맡은 보직을 최고 멋있는 보직으로 만들어버리자.

★ ★ ★

자신이 곰신
커플이라면 필독!

        군대 이야기 중 빠지면 섭섭한 이야기가 바로 곰신들의 이야기일 것이다. 곰신은 군대를 간 남자친구를 기다려주는 여자친구를 말한다. 군대 이야기로 이 책을 쓰기로 기획하며 곰신 이야기는 꼭 넣어야겠다고 생각했다. 하지만 아쉽게도 나는 지금껏 연애 한번 제대로 한 적 없는 모태 솔로라 쓸 내용도 없을뿐더러 나의 경험을 바탕으로 조언도 해줄 수가 없다. 게다가 같은 훈련소 동기들, 생활관 동기들은 곰신들이 고무신을 거꾸로 신어버려 헤어지고 말았다. 그래서 이번 이야기는 나의 여동생의 힘을 빌려 이어가려고 한다. 내가 군대를 간 사이 내 여동생은 남자친구가 생겼고, 현재 내 여동생의 남자친구는 훈련소를 마치고 후반기 훈련을 마쳤다. 그리고 자대 배치를 받은 지 일주일이 지난 상태다. 입대 전 그리고 입대 후, 훈련소 기간을 거쳐 자대에서 기다리고 있는 현 곰신 커플에게 글을 부탁해서 따끈따끈하게 이 글을 적게 되었다. 이들의 이야기를 한번 들어보자.

군대 간 남자친구를 기다리는 곰신 여자친구라면

손 병장의 여동생 예주라고 합니다. 제 남자친구 준우는 530일을 사귀고 군 입대를 했어요. 20대 초반 미필 남자친구를 둔 커플들이라면 군대 얘기를 안 할 수가 없는데요. 준우는 스무 살 초반 꽃다운 나이에 군대에서 시간 보내는 것을 아깝게 생각했어요. 대학에 들어와서 학업에 대한 고민들과 군대를 가야 한다는 압박, 진로에 대한 고민들이 많았죠. 그런 고민들 중 군대에 대한 고민은 여자친구로서 힘을 주고 싶었어요. 남자친구가 군대를 가기 전부터 자대 배치를 받은 현재까지 겪으며 곰신 커플에게 중요하다고 생각되는 몇 가지를 소개해보려 해요.

첫째, 여자친구에게 미안한 마음을 가지는 남자친구의 마음을 위로해주세요. 사실 저는 여자친구가 있는 상태로 군대에 가는 남자친구의 마음을 100퍼센트 이해하지 못했어요. 군대가 남자한테 큰 의미인지도 몰랐고, 군대 때문에 헤어진다는 것은 남 얘기라고 생각했죠. 하지만, 남자친구는 달랐어요. 18개월 동안 자기 여자친구가 자신을 기다려줘야 한다고 생각하니 남자친구는 저에게 미안한 마음이 많았대요. 그 미안한 마음을 전 늦게 알게 됐어요. 그래서 그 미안한 마음을 늦게 위로해줬어요.

"미안해하지 마" 하고 진심으로 한마디 전해주세요. 그 말은 남자친구에게 큰 힘이 되어줄 거예요.

둘째, 남자친구에게 힘이 되어주는 든든한 여자친구가 돼주세요. 입대 전, 유일하게 챙겨줄 수 있는 함께 찍은 사진을 주는 것을 시작으로 서로 매일 편지를 써주는 노력을 했어요. 저의 일상을 공유하는 것과 전화가 오면 밝게 받아주는 것, 그것이 힘든 군 생활을 도와줄 수 있을 것이라고 생각해요. 입대 전 남자친구가 제게 마지막으로 한말은 "편지로 보자~"였는데 편지로 소통하는 것이 아날로그적이지만 손으로 썼을 때 생각을 거치며 전해지는 진심들이 정말 소중하게 느껴졌어요. 게다가 자신의 변화되는 모습을 봐달라며 멋있게 성장하는 모습을 제게 보여주고 싶어 하는 모습에 감동도 받았어요. 그 모습에 저도 걱정 없이 잘 기다릴 수 있게 된 것 같아요. 몸이 멀어지면 마음이 멀어진다는 말이 있지만 요즘은 거의 매일 소통할 수 있으니, 서로에 대한 믿음이 제일 중요한 것 같아요. 그게 없다면 군대가 아니더라도 헤어질 사람은 헤어지고 군대 안에서도 많이 헤어지는 것을 볼 수 있죠.

셋째, 각자의 위치에서 멋있게 기다리기로 약속해요. 저는 이번 2학년 2학기가 끝나면 캐나다로 1년 동안 워킹홀리데이를 떠나게 되요. 남자친구가 없다고 홀로 적응 못 하는 것은 남자친구가 더 원치 않을 것이라 생각했어요. 저도 저 혼자 해볼 수 있는 것들로 다시 나만의 삶을 채워나가야 했어요. 남자들이 군대에서 배우는, 한국 여자들이 배울 수 없는 소중한 경험들과 많은 성장들을 하는 동안 나도 많은 것을 해보며 기다리면 좋겠다고 생각했죠. 서로 좋은 자극이 되어 함께 성장하고 싶다는 생각을 했어요. 이제는 SNS가 있으니 거리가 떨어져 있다고 해도 마음만 먹으면 연락이 가능하잖아요? 저는 준우와 각자의 위치에서 멋있게 성장해서 다시 만나기로 약속했어요. 각자 멋있어져서 서로에게 어울리는 사람이 되기로요.

기다려주는 여자친구가 있는 군인이라면

예주의 남자친구 준우라고 합니다. 입대 전을 떠올려봤을 때 여자친구가 저한테 군대를 기다려줄 수 있을 것 같다는 확신을 준 날이 가장 먼저 떠올라요. 기다려준다고 했을 때부터 지금까지도 항상 여자친구한테 고마워요. 여자친구 인생에 다시없을 꽃 같은 스물의 초반에 저는 의무이지만 여자친구에겐 저에게 시간을 안 써도 되는 선택이잖아요. 그러니 괜스레 미안하기도 했죠. 저를 기다리는데 시간을 써주는 거 같아 많이 감동받았어요. 그냥 저는 미안해하기보다는 기다려준다는 것에 감사해야 한다고 생각했어요. 사실 여자친구가 "기다리면 기다리는 거고 아니면 아닌 거였잖아"라고 한 적이 있어 저 혼자 군대 가기 전에 이별에 대해서 생각하기도 했죠. 하지만 결국 제게 항상 함께하고 싶다고 말해주었죠. 그런 믿음이 오가는 사건도 우리 연애에 큰 의미가 되었고, 조금이나마 편한 마음으로 입대를 할 수 있었어요. 그래서 예주가 마음을 바꿔준 그것만으로도 저는 용기와 확신을 얻을 수 있었습니다.

입대를 할 때 딱 두 가지 목표를 정했어요. 첫째, 여자친구에게 어울리는 멋진 남자로 성장하기. 둘째, 여자친구에게 날카로운 말로 상처주지 않기. 두 번째는 지금 저에게 가장 중요한 목표예요. 항상 제 짧은 혓바닥으로 여자친구 마음에 많은 깊은 상처를 남겼으니 이제는 그러고 싶지 않아요. 또한 군대는 밖이랑 달라요. 여기서 한번 실수하면 다시 주워 담기 백배는 더 힘들다는 것을 군대 안에서 많이 느꼈어요. 그래서 밖에서보다 더 조심하려고 노력하고 있죠.

마지막으로 곰신을 둔 남자친구 분들에게 하고 싶은 말이 있다면 충분한 준비와 충분한 대화로 여자친구의 믿음을 얻기를 바란다는 것입니다. 보통의 커플들은 그런 것 없이 입대를 준비하는 모습을 많이 봤어요. 저는 겨우 두 달가량 군 생활을 했음에도 여자친구와 충분한 대화를 주고받으면서 서로에게 믿음과 확신을 주고 있어요. 그리고 여자친구의 마음을 늘 헤아려주려 노력하며 고마워할 줄 알아야 할 것 같습니다. 여자친구한테도 도전이니까요.

마지막으로 곰신 여자친구인 제가 덧붙이고 싶은 이야기를 하고 끝내려 합니다. 몸이 멀어지면 마음이 멀어진다는 말이 있지만 요즘은 거의 매일 소통할 수 있으니 무엇보다 서로에 대한 믿음이 제일 중요한 것 같습니다. 그게 없다면 군대가 아니더라도 헤어질 사람은 헤어지겠지요. 군대 안에서 헤어지는 커플들을 아주 많이 볼 수 있습니다. 여자친구들도 남자들이 군대에 가 있는 2년이라는 시간이 얼마나 큰 의미를 두는지 역지사지로 생각해볼 필요가 있습니다. 하고 싶은 게 많은 20대 초반에 대부분의 남자들이 가는 곳이 군대인데, 그곳에서 지내는 당사자들의 마음을 헤아려줄 필요가 있다는 것이지요. 하고 싶은 일이 많은 나이에 군대에서는 할 수 있는 것들이 매우 한정적일 수밖에 없잖아요. 그래서 한 번씩은 우울하거나 싱숭생숭할 때가 있을 거라고 헤아려주세요.

밖에 있는 곰신들이야 힘들면 좋아하는 노래를 듣거나 취미생활을 하거나 친구들을 만나거나 다양한 방식으로 스트레스를 풀면 되지만 군대 안에서는 정해진 규칙이 있고 혼자 생활하는 게 아니니까 그 부분이 마음이 조금 아파요. 군대 적금으로 많은 돈을 모아 제대하는 사람이 있거나 꿈을 위해 시간을 쪼개가며 자신만의 일을 하는 사람이 있다고 들었는데, 꼭 그 점을 강조하고 싶지도 않습니다. 안 해도 상관없고 굳이 남과 비교할 필요도 없다고 생각해요.

눈에 보이는 무엇을 해야 하는 게 아니라 그 안에서 전역 날까지 군 생활을 했다는 것만으로도 제가 상상할 수 없는 큰 경험을 하는 것이라고 저는 생각합니다. 곰신들은 남자친구가 힘들어할 때 많은 힘이 돼주면 좋겠습니다. 저도 전역 날까지 남자친구가 다치지 않고 무사히 지내다 오면 좋겠다고 생각하고 뭘 하든 응원해주고 싶습니다. 그것만으로도, 그냥 옆에 있어준다는 것만으로도 큰 힘이 되고 뭐든 할 수 있을 것 같지 않을까요? 그것이 사랑하는 곰신을 둔 남자친구만의 특권이기도 한 것 같습니다. 이상 곰신 남자친구를 둔 예주였습니다.

★ ★ ★
상관에게 모욕받았을 때
대처법

누군가에게 무시당하는 것만큼 치욕스러운 순간은 없다. 부끄럽고 피가 거꾸로 솟아오른다. 그것도 나보다 나은 것 하나 없는 것 같은 사람에게 그런 무시를 받는다면 밤새 잠도 못 잔다. 분하다. 군대는 철저한 계급사회이다 보니 그런 경험을 쉽게 할 수 있었다. 계급이 낮다는 이유만으로 하대하는 느낌을 받은 적도 있다. 그럴 때마다 상대를 한 대 쥐어박고 싶지만 군 생활을 무사히 이어가기 위해서는 참는 수밖에 없다. 그렇다고 참는 것만이 묘책은 아니다. 어떻게 하면 상급자에게 모욕을 당했을 때 지혜롭게 대처할 수 있을까?

간부에게 모욕당했을 때는 이렇게 하자

먼저, 간부에게 모욕당했을 때는 어떻게 하면 좋을까? 간부라고 해서 모든 용사들에게 모범을 보이며 인정받는 것은 아니다. 간부도 사람인지라 실수할 때도 있고 욱하는 마음에 심한 말을 할 수도 있다. 나 또한 군 생활을 하면서 간부에게 정말 치욕적인 말을 들은 적이 있었다.

교육 지원을 나가 조교 임무를 수행하던 중 한 번도 본 적이 없던 간부가 갑자기 나와 내 동기에게 버럭 화를 내면서 일을 시켰다. 우리와는 상관없이 일어난 이전의 일로 인해 그 간부는 굉장히 기분이 상한 상태였고, 우리들이 해야 할 일이 아닌데도 처음 본 우리에게 강제로 일을 지시하려고 했던 것이다. 아무런 잘못 없이 혼나야 했던 우리는 기분이 상했고, 당연히 표정이 굳어졌다. 그때 내 표정을 본 간부가 나를 쳐다보며 말했다.

"야, 너 이리 와봐! 너 뭐냐! 뭔데 멀뚱멀뚱 쳐다만 보고 대답도 안 해! 어! 너 일병이네. 군 생활도 한참 남은 놈이 뭐하는 거야! 네가 나보다 나이가 많냐, 나보다 계급이 높냐? 나보다 나은 것 하나 없는 놈이 시키면 바로 네! 하고 해야지. 어디서 대답도 안 해!"

살면서 화냈던 순간은 손에 꼽을 정도로 부처인 내가 '나보다 나은 것 하나 없는 놈'이라는 말에 순간 주먹을 불끈 쥐었다. 정말 기분이 나빴다. 나를 오늘 처음 봤으면서 나를 판단하고 하대하는 말투. 그냥 군 생활이고 뭐고, 간부고 뭐고, 큰일이 일어날 것만 같았다.

다행히도 이성을 되찾고 "네, 죄송합니다"라는 말과 함께 시키는 일을 했다. 내가 불려가 혼나는 모습을 본 주위 간부들과 동기들은 나를 위로해주었지만 전혀 위로가 되지 않았다. 많은 사람 앞에서 무시당했다는 일 자체, 나를 처음 보면서 자신보다 나은 것 하나 없다고 말한 간부에 대한 분노가 하루 종일 내 머릿속에 가득 차 떠나지 않았다.

이 이야기는 군대에서 누구나 한번쯤은 겪는다는 흔한 부조리의 현장이다. 그런데 아무리 군대라지만 간부에게 저런 대우를 받는 건 심하지 않은가. 나는 그런 순간을 어떻게 대처했을까?

먼저, 감정적으로 판단하고 감정적으로 대처하지 않았다. 충분히 감정을 건드리는 말이었고 마음에 상처를 주는 말이었다. 그럴 때일수록 이성적으로 판단해야 한다. 순간의 감정적인 판단으로 후회하는 일이 생길 수 있다.

그렇다고 무조건 참으라는 말은 아니다. 자신의 감정에 앞서버려서 더 지혜로운 해결책이 있다는 것을 잊지 말자. 이성적으로 판단해서 자신의 담당 간부에게 상황을 말해도 좋다. 혹은 글로 써서 '마음의 편지함'에 넣는다면 그 글을 읽은 대장께서 일을 지혜롭게 처리해주신다.

나 또한 그 사건 이후 친한 간부님께 이야기를 털어놓으며 마음을 풀게 되었다. 그리고 이 사건으로 멘탈이 강해진 계기가 되었다.

선임에게 모욕당했다면

군 생활 중 가장 비일비재하게 일어날 수 있는 일이 바로, 선임과의 트러블일 것이다. 군대를 나보다 빨리 왔다는 이유만으로 존댓말을 써야 하며, 무엇이든지 양보를 해야 하고, 간부가 시키는 일이 있으면 후임인 내가 가장 먼저 발 빠르게 움직여야 했다. 그렇게 하지 않으면 선임들에게 찍혀 안 좋은 소문이 돌기도 한다. 간부와 선임에게 모욕당했을 때의 대처법에서 이 둘의 가장 큰 차이점은, 선임은 주변에게 나에 대한 부정적인 소문을 낼 수 있는 존재라는 것이다. 365일 내내 한 부대에서 많은 사람들과 생활해야 하는 상황에서 자신에 대해 부정적인 소문이 돈다면 결코 좋지 않다.

하지만 아닐 때는 'NO'라고 말할 줄 아는 용기가 필요하다. 누가 봐도 아닌 상황에서 선임이라는 이유만이 합리화가 되는 순간이라면 'NO'라고 외치자. 상황마다 다를 수 있겠지만 적어도 자신을 지키기 위해서는 그런 용기가 꼭 필요하다.

대화를 하면 풀린다. 그리고 군대에서의 소문은 담배를 피며 해대는 영양가 없는 '지라시'에 불과하기에 무시하는 경우도 많다. 당신도 그런 소문이 있다는 말에 영향을 받을 필요 없다. 똑같이 그 선임에 대해 안 좋은 소문을 퍼뜨릴 필요도 없다. 그저 당신은 옳은 행동을 계속 보여주며 주변의 신임을 얻으면 된다.

나는 군대를 통해 모든 사람들에게 사랑을 받는다는 것은 힘들다는 사실을 깨달았다. 나는 주변 사람들과의 관계를 중요시하는 경향이 있어 주변을 잘 챙기고 말을 해도 좋은 말이나 배려를 많이 해주는 편이다. 그럼에도 나를 탐탁지 않게 보고 내가 행동하는 것을 꼬치꼬치 따지며 안 좋은 시선으로 보는 선임이 있었다. 그런 사람에게까지 '아, 내가 잘못했구나. 고쳐야겠다'라는 생각을 가질 필요가 없다. 그런 사람은 내 행동이 아닌 나라는 존재 자체를 별로 좋아하지 않는 것이다. 꼭 모두에게 잘 보이려 하지 말자. 결국, 나를 좋아해줄 사람은 나를 좋아해주고 나를 싫어할 사람은 싫어한다.

간부든 선임이든 자신에게 모욕감을 준다고 상처 받지 말자. 결국, 18개월이 지나면 안 볼 사람이며, 그렇게 주변 사람들에게 상처를 많이 주는 사람 곁에는 많은 사람이 있을 수 없다는 사실을 생각하며 그들을 오히려 위로해주자. 그리고 모두에게 사랑을 받기란 어렵다는 것을 깨닫자. 우리를 사랑해주는 사람에게 사랑을 주는 시간도 아깝다. 하물며 그런 사람에게 매달릴 이유는 없다.

포상휴가
싹쓸이하는 비법

이 글을 쓰고 있는 당일 오후 2시 30분 경계소대 전체 정신교육 시간, 경계소대 창설 이래 40명의 소대원 중 최초로 모범경계병 표창장을 받았다. 2박 3일 포상휴가증도 함께 받았다. 하지만 아쉽게도 나는 그 귀한 2박 3일의 포상휴가를 소대장께 말씀드려 열심히 하던 분대 막내에게 양도했다.

경계소대 창설 11개월 만에 처음으로 받은 모범경계병은 부대에서도 나름 의미가 있는 상이었다. 나 또한 열 명의 분대원을 이끄는 대표인 분대장의 역할을 해오며 40명의 소대원들 중 한 명으로 뽑혔기에 자부심을 가졌다. 그런데 나는 왜 그 가치 있는 포상휴가를 막내에게 양도했을까? 착해서? 육군 규정으로 정해져 있는 포상휴가 최대 일수 기준을 이미 초과했기 때문이다. 더 이상 받아도 쓸 수가 없다. 나는 어떻게 포상휴가 제한을 넘겨서까지 휴가를 싹쓸이할 수 있었을까?

자신의 부대에 어떤 포상제도가 있는지부터 파악하자

일단 기본적으로 자신의 부대에 어떤 포상제도가 존재하는지부터 파악하는 것이 첫 번째 비법이다. 자신이 포상휴가를 받을 수 있는 것이 있는데 몰라서 못 받으면 그것만큼 억울한 경우가 없다. 사실 나는 오늘 모범경계병을 받았지만 애초에 경계병도 아니었다. 조교로 군복무를 하다 상급부대의 조교 감축 명령으로 어쩔 수 없이 부대를 옮기게 된 것이다. 나는 기존에 있던 부대에서도 포상휴가를 두 번 받았고, 새로 옮겨간 부대에서도 존재하던 포상을 다 싹쓸이할 수 있었다. 특급전사, 자격증 포상, 또래상담병, 모범경계병, 종교 마일리지 18일을 넘겨 못 쓴 휴가까지 생겼다. 새로운 부대에 이미 있던 사람들도 받지 못한 포상도 받았다. 어떻게 가능했을까? 그 팁을 알려주겠다.

입대하게 되면 모든 육군, 해군, 공군 등 해당 직무에 맡게 정해진 휴가 일수가 있다. 육군인 경우 정기휴가가 28일이며, 포상휴가는 2017년 4월 기준 최대 18일로 제한되어 있다. 이제는 군 복무가 단축되어 정기휴가가 28일 이하로 줄어들겠지만 21개월 복무를 하고 포상휴가를 모두 받는다고 해도 총 46일 휴가를 나갈 수 있다. 특수 보직에 따라 정기휴가, 포상휴가 이외에도 보상휴가가 주어지기도 한다. 그중 포상휴가를 이야기해보자.

이 포상제도는 어떤 부대를 가든 존재하며 각 부대마다 포상휴가를 주는 방식과 분위기가 다양하다. 내가 두 개의 부대를 겪으며 본 포상제도로는 포스터 제작, 독후감 발표대회, 장기자랑 대회, 모범 병사, 자격증 취득, 체육대회 우승, 특급전사, 응급저치교육 우수, 또래상담병, 도서관리병 등이 있었다.

첫 번째 부대는 체육대회를 통해 우승하는 소대나 MVP를 뽑아 포상휴가를 주기도 했지만 두 번째 부대는 애초에 체육대회가 없었으며 단결력을 통한 포상제도가 아닌 개인의 역량이 인정되었을 때 포상휴가가 주어졌다. 이처럼 당신이 복무하게 될 부대의 분위기에 따라 단결력에 따른 포상이 많이 주어질지 개인의 역량에 따라 포상이 많이 주어질지 정해지므로 직접 부대에 가서 알아보아야 한다. 가장 먼저 자신이 속한 부대에 어떤 포상휴가가 존재하는지 모두 알아내자.

나는 신병들의 적응과 부대 내 병사들 간의 문제 혹은 개인의 고민을 도와주기 위해 부대 담당 상담관을 찾아가 또래상담병이 되겠다고 자처했다. 그리고 간단한 교육을 받고 또래상담병이 되었다. 상담관은 또래상담병 활동으로 석 달을 채우면 포상휴가가 나온다는 사실을 알려주셨다. 이게 내가 부대를 옮기자마자 일어난 일인데, 이미 그 부대에 있던 사람들 중에는 또래상담병 제도가 있는지조차 아는 사람이 없었고, 더구나 활동을 3개월 이상 하면 휴가 3일을 받는다는 사실을 아는 이도 없었다.

나는 또래상담병으로 선정된 뒤 공중전화 부스나 화장실에 '부대 또래상담병 병장 손유섭' 스티커를 붙여서 부대 내에 내 활동을 알렸다. 그런데 상담 문의보다는 포상휴가를 받을 수 있다는 말에 어떻게 하면 또래상담병이 될 수 있는지에 대한 상담이 더 많이 들어왔다. 하지만 인원 제한이 있어 내가 마지막이었다고 했다. 결국 몰라서 못한 경우가 생긴 것이다. 최대한 친한 선임이 있다면 부대에 어떤 포상제도가 존재하는지 물어봐서 고급 정보들을 많이 수집하자.

일단 열심히 하고 봐라

내가 오늘 받았던 포상휴가 2박3일에 대해서는, 휴가 대신 다른 방법으로 이득을 보게 해달라고 건의하는 방법도 있었다. 그래도 내가 흔쾌히 포상휴가를 양도할 수 있었던 이유가 있다. 근거 없는 자신감일 수도 있지만, 얼마든지 포상휴가를 또 받을 수 있을 것 같은 자신감이 있었기 때문이다. 육군 병영생활규정 109조에 따르면 포상휴가는 "교육훈련, 근무, 전투에 있어서 군인의 의표가 될 공적이 있는 자"로 정말 포상을 받을 만한 자격이 부여될 때

주어진다. 하지만 많은 병사들은 어떠한 성과를 내고 싶어 하기보다는 포상휴가를 받아서 휴가를 나가 놀고 싶어 하는 마음이 더 크다. 그러다 보니 거짓으로 포상휴가를 나가려고 하다가 걸려서 징계를 받기도 한다. 나 또한 군대를 가기 싫어서 두 번이나 신체검사를 보았고, 평발이면 군대를 면제받는다는 소식에 간절히 기도하며 엑스레이를 찍기도 했다.

결국 창피하게 입대했지만, 군 생활마저 창피하게 하고 싶진 않았다. 정말 그 누구한테든 인정받으며 복무하고 싶었고, 지나고 나서 후회하는 군 생활을 만들고 싶지 않았다. 일단 열심히 하고 봐라. 남이 보든 안 보든 일단 자신에게 부끄러워지지 말자. 누군가는 군대를 가면 보통으로만 하라고 한다. 그 말이 좋으면 보통으로 하라. 하지만 보통으로 하는 사람은 군대에서도 사회에서도 인정해주지 않는다. 사회도 이제는 열심히 하는 사람을 원하지 않는다. 잘하는 사람을 원한다. 왜 그럴까? 모든 사람들이 이제는 열심히 하기 때문이다. 이제 열심히 하는 것은 기본이다. 당신이 열심히 하려고 하는 만큼, 당신이 흘린 땀만큼 주변에서는 당신을 인정한다.

그 누구도 당신이 포상받는 것에 시시비비를 걸 수 없도록 군생활을 하라. 내가 40명 앞에서 상을 받을 때, 포상휴가를 원하는 모두가 내게 시기의 눈빛을 보낼 수 있었지만 그 누구도 내가 받는 것에 의견 하나 제시하지 않고 인정하며 박수를 쳐주었다. 보여줘

라. 당신이 얼마만큼의 그릇을 가진 사람인지. 그러면 부대에서는 당신을 최대 일수 18일을 넘겨서라도 포상휴가를 보내주고 싶어 할 것이다. 일단 열심히 하고 봐라. 누가 보든 안 보든, 누가 인정하든 안 하든, 자신의 위치에서 맡은 일을 충실히 하며 군 생활을 마무리하라. 군대는 사람이 모여서 지내는 곳이라 SNS가 아니어도 입소문이 빠르게 퍼진다. 발 없는 말이 천리 간다는 말처럼 당신이 노력한 그 모습은 결국 선임들, 후임들, 간부들의 귀에 올라갈 것이다. 포상휴가, 당당하게 받고 당당하게 나가자.

★ ★ ★
군대에서
아플 때 대처법

　　　　　　짧은 인생을 살았지만 지금껏 살며 가
장 아팠던 순간이 두 번 있다. 그 둘 모두 군대에서였다.

　첫째, 훈련소에서 독감에 걸려 몸이 너무 아픈데 누구 하나 알
아주는 사람 없고, 나를 사랑해주는 가족, 친구들이 주변에 없던
때가 그 하나다.

　가본 사람들은 다 알겠지만, 군대 훈련소는 정말 많은 사람들
이 함께 지내는 데다 오래된 건물과 노후한 물품들 때문에 먼지
가 많이 날려 감기에 걸리기 쉽다. 나는 정말 독한 감기를 훈련소
에서 겪었다. 감기에 잘 걸리지 않는 체질임에도 힘든 훈련과 바
뀐 생활습관 때문인지 정신이 혼미할 정도로 심하게 앓았다. 하필

이면 중대를 대표하는 중대장 훈련병이었던 나는 독감이 심했던 그날 훈련병들을 인솔해서 다른 장소로 이동해야 했다. 맨 앞에서 혼자 걷고 나머지 200명은 나의 등을 보며 줄을 맞춰 따라왔다. 걷는 내내 나는 혼자였다. 너무 몸이 아프고 힘들었다. 아프다고 티를 내도 옆에는 아무도 없었다. 그러다 갑자기 눈물이 한 방울 툭 떨어졌다. 진짜 집에 가고 싶고, 당장 침대에 누워 엄마가 끓여주는 죽을 먹고 싶었다. 아프다고 칭얼대고 싶었고, 빨리 나으라는 친구들의 위로도 받고 싶었다. 하지만 현실은 꾹 참고 견뎌야 했다. 훈련소 초반이라 속 터놓고 말할 사람 한 명 없었다. 그저 하늘을 보며 눈물을 삼킬 뿐이었다.

둘째, 내가 가장 사랑하는 사람을 앞으로 볼 수 없게 되었을 때였다. 나에겐 그 순간이 군대에서 일어났다. 20년 지기 가장 친했던 친구의 사망 소식을 군대에 있을 때 들었다. 조교 감축으로 부대를 옮긴 지 한 달도 안 된 시점이었다. 그 소식을 듣고 부산으로 내려가는 네 시간 내내 눈물이 멈추지 않았다. 군복을 입고 장례식장에 도착하자마자 나는 오열하며 친구의 영정 앞에 섰다. 마음이 너무 아팠다. 정말 아팠다. 할아버지가 돌아가셨을 때는 앞으로 할아버지를 못 본다는 것에 슬퍼 눈물이 났지만 이번엔 달랐다. 친구가 죽었을 때는 너무 가슴이 아파 눈물이 났다. 보고 싶고 그리워서 흘리는 눈물을 인생에서 처음 흘려봤다. 이런 쓰라린 아픔도 군대에서 느꼈다.

몸이 아플 때 극복하는 법

몸이 아프면 덩달아 마음까지 아픈 경우가 많다. '내가 여기 왜 있을까?', '그냥 편하게 쉬고 싶다', '혼자 있고 싶다' 등 오만가지 생각이 다 든다. 몸이 아프고 힘드니 마음도 무기력해지고 힘이 없어진다. 이럴 땐 바로 병원으로 가는 것도 좋다. 남들은 다 안 아픈 것 같고 군대 적응을 잘하고 있는 것 같고 해서 주변 눈치를 보다 자신의 몸을 못 챙기는 경우가 생기면 안 된다. 그리고 주변에 누군가 아픈 친구가 있다면 꼭 잘 챙겨주자.

군대에 입대하면 친했던 친구들도 함께 살던 가족도 없다. 눈빛만 봐도 알던 그런 주변인들이 사라진다. 이제는 새로운 사람들과 살아야 한다. 그들은 당신의 눈빛만 본다고 해서 당신이 아픈지, 배가 고픈지, 슬픈지, 기쁜지를 알아차릴 수 없다. 누적된 데이터도 없을뿐더러 자기 자신 챙기는 것만으로도 바쁘기 때문이다. 이럴 땐 본인이 직접 자신의 마음을 알려야 한다.

"나 머리가 너무 아파서 힘들어", "어제 밤까지 훈련해서 감기 들었나 봐" 하고 주변에 자신의 상황을 무조건 알리자. 그래야 주변 사람들도 당신의 상황을 알게 된다.

몸이 아픈데 혼자 끙끙 앓고 있으면 그게 마음까지 이어져 아무것도 하기 싫고, 현재 상황을 원망하며 혼자 고립된 느낌에 외로움도 느낄 것이다. 군대에서 아프면 자기만 손해다. 꼭 아프면 주변에게 알리자. 그리고 주변에서 그런 이야기를 하는 사람을 발견하면 꼭 그 사람의 마음을 이해해주려 노력하고 함께 방법을 이야기하며 담당 간부에게 알리자.

나는 감기 외에도 축구를 하다 다리를 다쳐 깁스를 한 적도 있고 아침에 점호를 받다 나도 모르게 쓰러져 응급실에 실려 간 적도 있다. 열다섯 살 때부터 스물세 살 때끼지 축구를 좋아해서 매주 축구를 했는데 그전에는 다리 한번 접질려 본 적이 없었다. 그런 내가 축구를 하다 다쳐서 다리에 깁스를 한 것도 군 생활 중 처음이다. 다행히 뼈에는 이상이 없었지만 땅에 발을 대기만 해도 아팠기에 한 달 동안 아무것도 못하고 깁스를 한 채 불편하게 지냈다.

군대에 입대하면 예상치 못한 일들로 인해 몸이 아플 수 있다. 그럴 때일수록 주변에게 자신의 상황을 잘 알리고 자신의 몸은 반드시 자기가 잘 챙기자.

마음이 아플 때 극복하는 법

군대에서는 사랑하는 사람의 사망 소식을 듣는 시련 외에도 마음이 아플 수밖에 없는 일이 생길 수 있다. 뉴스에 나왔던 큰 화재에 친했던 선임의 가족이 피해자가 된 일도 있었고, 자연재해로 집에 큰 난리가 난 후임도 있었다. 여자친구와 헤어지는 동기도 있었고, 군대에 잘 적응하지 못해 힘들어하는 동기도 있었다. 다양한 상황으로 인해 마음이 아픈 일들이 군에서는 많이 일어난다.

사회에 있었다면 당장 바다로 달려가 탁 트인 수평선을 보든가 전망 좋은 산으로 가 바람을 쐬며 마음을 다스리면 좋겠지만, 군대에서는 그럴 수 없다. 사회에 있었다면 친구와 술 한잔하거나 맛집을 찾아다니며 기분 전환하면 좋겠지만, 역시 군대에서는 그런 일이 불가능하다. 군대는 자신에게 정해진 임무가 있고 위치가 있다. 마음대로 환경을 바꿀 수가 없다. 그럴 때면 마음이 더 아파올 수 있다.

이럴 때는 나의 속 이야기를 진심을 다해, 가슴으로 들어줄 한 사람만 있으면 된다. 마음이 아파 극단적으로 이어지는 것이 바로 자살이다. 자살의 최고의 예방법은 그들의 이야기를 가슴으로 들어주고 이해해주는 것이다. 학교에서 상담학을 복수전공하며 가장 첫 번째로 배웠던 것이 바로 '이해'였다. "아~ 그랬구나"로 대화를 시작한다. 그런 진심어린 마음으로 당신의 이야기를 들어줄 한 사람을 꼭 군대에서 만들었으면 좋겠다. 후임이든 동기든 선임이든 상관없다. 당신이 힘들 때, 마음이 싱숭생숭하고 어디론가 떠나고 싶고 답답하고 외로울 때 편하게 당신이 마음속에 가진 이야기를 터놓을 수 있는 한 사람. 꼭 그런 사람을 찾았으면 좋겠다. 그리고 누군가에겐 당신이 그런 존재가 되어주면 좋겠다.

나는 또래상담병을 하며 많은 사람들의 마음 아픈 이야기, 힘든 이야기를 많이 들어보았다. 나와 이야기가 끝나면 대부분은 밝은 표정으로 나와 이야기하기 전과 달라진 모습으로 의자에서 일어난다. 큰 상담 기술을 가진 것이 절대 아니다. 그저 상대의 속 이야기를 진심으로, 가슴으로 들어주었을 뿐이다. 그게 다. 들어주는 것. 가장 간단하지만 최고 높은 수준의 상담이라 자부한다.

몸이 아프든 마음이 아프든 꼭 주변에게 이야기하자.

"나 힘들어······."

몸이 아픈 사람이건 마음이 아픈 사람이건 당신에게 그렇게 이야기한다면 이렇게 먼저 말해보자.

"아~그랬구나. 힘들었구나."

가슴으로 그들의 이야기를 들어주자.

아들을 군대에 보내는 어머님들에게

아들을 떠나보내는 어머님들, 마음이 아프신가요? 아니면 가서 정신 좀 차리고 왔으면 좋겠다고 생각하시나요? 어떤 마음이든 아들을 걱정하는 엄마의 마음은 피차일반일 것입니다.

저 또한 아들과 태어나서 처음으로 가장 긴 21개월이란 시간을 떨어져 지냈습니다. 어릴 적부터 몸도 약해서, 병원도 자주 가고 가족과 떨어져 살아본 적도 없는 아들이 군대라는 곳에 가서 적응은 잘할지 걱정이 되었습니다.

입대 후, 훈련소에 있는 동안은 연락도 잘 안 되니 제가 먼저 매일 아들에게 인터넷 편지를 써주고 아들을 위해 매일 기도해주었습니다. 그리고 아들에게서 손 편지가 오기도 하고, 군복을 입은 사진도 훈련소에서 보내주었습니다. 그때 받은 손 편지와 사진은 아직도 가족식탁 유리 밑에 고이 간직해두었습니다.

부모가 해줄 수 있는 일은 딱 하나인 것 같습니다. 아들을 절대 믿어주는 것, 응원해주는 것, 기도해주는 것. 이 3가지를 해주자고 다짐하며, 입대 전부터 아들에게 "유섭아, 넌 군 생활 잘할 거야!" 하고 말해주었습니다. 부모님의 진심 어린 응원과 지지가 아들에겐 큰 힘이 될 것입니다.

전국에 사랑하는 아들을 군 입대를 보내는 어머님들!

아들이 멋있게 군대에서 성장할 수 있게 절대적으로 믿어주고, 응원하길 바랍니다.

당신의 아드님도 멋지게 성장해서 만나길 응원합니다.

손유섭 병장 엄마

CHAPTER 4

군대에서

무조건

인정받는 비법

★ ★ ★

군기보단 센스다

어떤 조직에서든 인정받는 사람이 있
다. 때로는 그들을 보며 부러워한 적이 있을 것이다. 만약 그 사람
이 직장 동료이거나 학교 친구일 경우도 그렇지만 특히 군대 동기
일 경우라면 그 사람과 비교당할 때도 있다. 동반 입대를 한 친구
들의 경우, 같은 부대에 입대했기 때문에 둘 중 한 명이 잘하면 비
교당하기 쉬워 동반 입대한 것을 후회한다는 이야기를 들은 적도
있다. 비교하는 사람이 잘못이지만, 어느 곳을 가든지 비교는 피
할 수 없는 듯하다. 비교가 있을 수밖에 없는 세상에서 나는 이런
생각을 한번 해본다.

'그 동료는 무엇이 잘나서 그 조직의 분위기를 자기 쪽으로 끌

며 매력 있는 사람으로 불리게 될까?'

내가 입대를 하고 자대 배치를 받았을 때도 조교로 선발된 총 네 명의 훈련소 동기가 있었다. 도착은 네 명이 동시에 했지만 한 달 뒤 그중 한 명의 동기가 독보적으로 많은 선임의 소대 선정 러 브콜을 받았다. 자대 배치 후에도 부대에서 인정을 받으며 적응했 다. 어떻게 그것이 가능했을까?

센스는 만들어지는 것이다

그 동기는 사실 군기가 엄청 잡혀 있는 스타일이 아니었다. 하 지만 운동선수 출신으로 운동부 선배들과 합숙 생활을 오래하며 어떻게 하면 선배들과 잘 지낼 수 있는지를 맞아가면서 배운 친구 였다. 그리고 그런 인고의 노력 끝에 매력적인 센스가 몸에 장착되 어 있었다. 운동이 끝나면 직접 떠온 물을 나이가 많은 선배 순으 로 가져다주었고, 만약 본인이 혼났을 때는 다음 날 음료수를 사들 고 자신을 혼낸 선배를 찾아가 선배의 마음을 먼저 풀어주려고 하 는 등 사회생활에 능숙했다. 그것이 바로, 센스였다.

군기가 바짝 잡혀 있으면 선임들이 보았을 때 좋은 인상을 줄 수는 있다. 하지만 눈치가 없고 센스가 없다면 답답해하는 경우가 종종 생긴다. A를 가져다달라고 했는데 B를 가져다주거나 그냥 잠시 쉬어도 된다는 말에 하염없이 쉬고 앉았거나 하는 등의 눈치 없는 행동은 엄청난 후폭풍을 낳는다. 나는 그런 불상사가 생기기 전에 동기에게 먼저 조언을 구하기로 했다. 그 조언을 통해 센스의 필요성을 깨닫고 의식적으로 센스를 기르기 위해 노력했다. 그런 센스는 군대가 아니더라도 사회에 나가 꼭 필요하다는 것을 알게 되었기 때문이다.

센스란, 자기 딴에 열심히 준비해서 자신이 상대에게 주고 싶은 것을 주는 것이 아니라 상대가 지금 당장 원하는 것을 주는 것이다. 그렇게 센스를 갖추자는 마음으로 막내 생활을 시작했다. 축구를 하러 갈 때면 1.5리터 페트병에 시원한 물을 떠갔다. 그리고 경기가 끝나면 가장 계급이 높은 선임부터 계급 순으로 물을 가져다드렸다. 이것 외에도 센스를 갖추기 위해 상대가 지금 필요한 것이 무엇인지를 늘 귀 기울이게 되었다. 대답을 하나 하더라도 내가 하고 싶은 말을 하기 전 상대가 지금 듣고 싶어 하는 대답은 무엇일까 한번 생각해보고 그 다음 내가 하고 싶은 말을 더해 대답하는 습관이 들었다. 그렇게 시간이 흘러 나는 센스 있는 말과 행동을 갖추게 되었고 선임들에게 사랑받고 인정받는 후임이 되었다.

이것이 센스다

의식적으로 센스 있게 말과 행동을 하려고 하다 보니 시간이 흘러 이제는 자연스레 흘러나오게 되었다. 어느 날, 지휘통제실에서 근무를 서던 중 한 간부가 작업하러 들어오셨다. 프린트를 하고 나온 종이를 가위로 자르고 풀로 붙이는 작업이었다. 이전에도 다른 간부가 똑같은 작업을 하는 것을 본 적이 있었다. 그때는 그 간부가 가위와 풀을 좀 구해달라고 해서 구해드린 적이 있었다. 이번에도 똑같은 작업이니 가위와 풀이 필요할 것 같아 일단 책상을 다 뒤져 가위를 찾아두고 혹시나 해서 풀까지 찾아두었다.

아니나 다를까, 그 간부는 프린트를 다 하고 주변을 두리번거렸다. 나는 그때 미리 찾아놓은 가위와 풀을 아무 말 없이 전해드렸다. 그러자 간부는 갑자기 나를 쳐다보시더니 방긋 웃으셨다. '이 녀석 봐라. 내가 이게 필요한지 어떻게 알았지?' 하는 표정이었다. 간부는 작업이 다 끝나고 고맙다며 한마디 해주셨다.

"너, 진짜 센스 끝내준다."

군대 와서 처음으로 센스 좋다는 말을 듣고 하루 종일 기분이 좋았다. 군대는 계급사회다 보니 회사생활 중 직장 상사와 있을 법한 사건 사고들이 많이 일어난다. 나는 그럴 때마다 센스 있는 말과 행동을 통해 지혜롭게 해결했다. 사회생활을 해야 터득할 수 있는 생활의 기술들을 군대에서 자연스레 터득한 것이다.

상대가 필요하고 원하는 것에 주의를 기울임으로써 속 시원하게 해결해주고 도와주려고 하는 마음. 그것이 내가 생각하는 센스다. 군대에는 20대 초반이 가장 많다. 그 20대 초반의 또래들과 21개월 동안 지내며, 안타깝지만, 우리는 너무 이기적일 때가 많다는 것을 자주 느꼈다. 자신에게 이익이 되어야 움직이고, 조금이라도 손해가 가는 것 같으면 부정적으로 바라보는 경향, 상대에게 맞추기보다는 자신에게 맞추는 경향이 강했다. 다른 사람들이 자신에게 맞춰주기를 바라지 자신이 희생하며 다른 사람에게 맞추는 것을 꺼렸다.

사실 군대에서는 이익을 얻어보았자 별 것 없다. 마찬가지로, 손해를 본다 해도 별 것 없다. 조금 져주기도 하고 조금 상대에게 맞춰주기도 하며 자신이 잘 살기 위한 센스가 아닌 상대가 잘 살 수 있게 도와주는 센스를 길렀으면 한다. 그 센스는 가장 이기적일 수 있는 20대 초반 공동체 생활을 하는 군대에서 얼마든지 기를 수 있다. 멋진 어른이 되자. 나이가 든다고 다 어른이 되는 것이 아니다. 나이만 먹고 마음이 어리다면 겉모습만 어른인 '유치한' 성년이 될 뿐이다. 진짜 멋진 센스를 갖춰 진짜 어른이 되자.

★ ★ ★

군대,
진실 혹은 거짓

　"제겐 일을 할 손도 있고 팔도 있지만
후임도 있습니다", "부사관님, 그 삽 이리 주십시오. 애들이 하겠습
니다", "피라미드는 사람이 만든 게 맞다", "완벽한 가라는 진짜다",
"나쁜 짓을 한 놈보다 걸린 놈이 더 나쁘다", "유짬무죄, 무짬유죄".

　군필자나 현재 복무하고 있는 사람은 이 말을 들으면 피식 하
고 웃을 것이다. 이 말들은 네이버에 '군대 명언'이라고 치면 나오
는 것들이다. 장난처럼 적은 글 같지만 공감 가는 내용이다. 입대
하기 전, 전역한 학교 선배들과 친한 형들이 알려줬던 군대 이야기
도 생각난다. 과장 섞인 군대 이야기에 덜컥 겁을 먹었던 기억도
난다. 전역할 때쯤 되자 지난날에 들었던 그런 이야기들이 진짜도

있었고 과장된 부분도 있고 아예 말도 안 되는 것도 있었다는 사실을 알게 되었다. 물론 모든 부대마다 성격이 다를 수 있으니 100퍼센트 아니라고는 말하지 못하지만, 내가 경험한 군대를 통해 군대에 대한 진실을 몇 가지 말해보려 한다.

축구를 잘하면 군대에서 사랑받는다

내가 제일 좋아하는 스포츠는 축구다. 성인이 되고 나서 부산 PSA 축구아카데미에서 매주 주말마다 축구를 배웠다. 축구를 배우다 군대 갈 때가 되자 같이 축구를 하던 형들은 내게 "유섭아! 축구 잘하면 군대에서 사랑받으니깐 여기서 배운 거 군대에서 잘 써먹으면 좋겠다"라며 격려했다.

나는 축구를 잘하고 싶어서 배웠다기보다는 축구가 좋아서 꾸준히 했다. 그때는 실력에 크게 연연하지 않았던 터라 그 말이 크게 와 닿지 않았다. 축구를 잘하는 형들 사이에 있던 나는 축구를 잘하지 못했으므로 군대에 가서 사랑받기는커녕 혼만 날 것 같았다. 그런데 실제로 자대 배치를 받은 후 거짓말 안 하고 매일 축구를 했다. 나보다 축구에 미친 선임이 많았다. 비가 와도 운동장으로 끌고 갔고, 춥든 덥든 저녁을 먹고 나면 무조건 축구를 하러 밖으로 불려나갔다. 내가 안 보이면 방송으로 찾았고, 축구하러 가자며 허구한 날 나를 찾았다.

'축구를 잘하면 군대에서 사랑받는다'보다는 '축구를 좋아하면 군대에서 사랑받는다'가 더 정확한 표현인 것 같다. 매일 축구를 하는 게 쉽지는 않았지만 일단 하면 재밌었기 때문에 후회한 적은 없다. 게다가 축구를 하면 할수록 아는 사람도 많아지고 그렇게 친해진 선임들은 축구가 끝나면 늘 시원한 음료수나 아이스크림을 사주었다. 이등병 시절 아는 사람이 없을 때는 축구를 통해 부대에 많은 사람들과 축구를 하면서 친해졌다. 한 번씩 축구를 좋아하는 간부가 오셔서 합류하기도 했는데, 그 덕에 간부들과도 금세 친해질 수 있었다. 역시 남자는 같이 운동만 해도 친해질 수 있다.

축구로 인해 내 군 생활의 전환점을 맞기도 했다. 사실을 고백하자면, 나는 축구 덕분에 조교로 선발되었다고 볼 수 있다. 육군부사관학교 조교 면접 당시, 나는 작성 서류 취미와 특기란에 '축구'라고 적었다. 하늘이 도우셨는지 당시 나를 면접 본 간부는 축구광이셨다. 그분은 나의 서류를 쭉 훑어보시더니 취미와 특기에 축구가 적혀 있는 것을 발견하고는 미친 듯이 축구 이야기만 하셨다. 축구를 언제부터 했는지, 팀은 있는지, 축구 선수는 누구를 좋아하는지, 만약 조교로 선발되어 본인의 소대로 오면 우리 소대는 무조건 축구 대회에서 1등을 해야 한다며 면접 이야기의 90퍼센트를 축구로 채웠다. 나도 축구를 좋아하니 신나게 면접을 보았고, 실제로 육군부사관학교에 뽑힌 후에는 면접을 보신 간부와 자주 축구를 하게 되었다.

군대하면 축구다. 나는 21개월 동안 축구를 좋아하고 평균 이상 한다는 이유로 많은 혜택을 보았다. 축구를 좋아하면 선임들과 친해질 기회가 많고, 운 좋게 축구를 좋아하는 간부를 만나면 여러 혜택도 볼 수 있다.

군대에서는 보통만 하는 게 좋다

"군대에서는 보통만 하는 게 좋다"는 말은 반박할 수 없을 정도로 군대에서는 먹히는 명언이다. 나는 성격상 하나를 하더라도 제대로 하고 대충 하는 것을 못 보는 사람이지만, 때로는 그런 성격을 버리고 융통성 있게 보통만 해야 할 때가 필요했다. 개인의 일이면 제대로 일을 시작하고 마무리까지 해버리면 된다. 밤을 새서라도 하면 된다. 하지만 군대는 개인의 일보다는 함께해야 하는 경우가 많다. 그러다 보니 함께하는 일을 할 때 한 명만 너무 잘하려고 무리한다면 나머지 인원들이 부담을 느낄 수 있다. 각 사람마다 성격이 다르듯 일을 풀어가는 성격도 다 다르다. 자신이 열정적이고 자기가 맡은 일은 밤을 새서라도 하는 성격이라고 해서 공동의 일을 함께할 때도 그런 식으로 할 필요는 없다.

물론 모두가 그런 성격을 가진 사람들이라면 그렇게 하는 게 맞을 것이다. 하지만 내가 군 생활을 해본 결과 모두가 그렇진 않았다. 보통만 해놓고 빨리 쉬고 싶어 하는 사람, 제대로 하는 건 인생을 피곤하게 사는 것이라 생각하는 사람, 다른 할 일이 있어 빨리 끝내고 싶어 하는 사람 등 각자의 사정이 있었다. 군대에서는 보통만 하는 게 좋다는 말은 공동의 임무를 수행할 때 꼭 필요한 말이다. 개인의 성과를 위한 일에서 보통으로 할 필요는 없다. 제대로 해버리고 끝까지 해버려라. 다만 함께해야 하는 일에는 주변 사람들의 마음을 살피며 지혜롭게 할 필요가 있다는 것을 잊지 말자.

선임들의 무서운 정신교육

남자들의 군대 이야기에서 결코 빠지지 않는 단골 소재는 자신이 얼마나 선임에게 두들겨 맞았는지, 얼마나 심하게 기합을 받았는지에 대한 이야기일 것이다. 군대에 가기 전까지 아버지는 내게 군대 이야기를 단 한 번도 하지 않으셨다. 나는 속으로 '아~ 아버지는 군대를 안 다녀오셨구나. 아버지는 안 다녀오셨는데 아들은 가니까 군대 조언을 해주기 어려워하시는구나'라고 생각했다. 하지만 어느 날, 어머니께서 아버지의 군대 이야기를 해주셨다.

"유섭아, 아버지도 군대에 다녀오셨어. 그거 알아?"

나는 놀라 어머니에게 다시 물었다.

"아버지도 군대에 다녀오셨어요?"

자초지종을 들어보니 아버지가 내게 군대 이야기를 안 하신 이유가 있었다. 아버지는 군대 이야기를 입에 올리는 것조차 싫어하는 분이셨다. 아버지는 전방에서 군 복무를 하셨는데, 당시 선임들의 구타와 가혹 행위가 너무 심해서 군대에 대해 안 좋은 기억들만 가지고 계셨다. 어머니만이 아버지의 군대 시절을 알고 계셨다.

그 이야기를 듣고 나서야 그동안 왜 아버지가 군대 이야기를 안 하셨는지 의문이 풀렸다. 나도 아버지의 그런 사연과 군대를 다녀온 학교 선배들의 과장이 더해진 무서운 군대 선임들의 이야기를 많이 들었다. 입대를 해본 결과, 무서운 선임, 달달 볶는 선임, 갈구는 선임, 기합을 주는 선임이 존재한다는 사실을 실감할 수 있었다. 하지만 그만큼 정말 착하고 좋은 선임들도 있었다.

군대에 대한 소문이 모두 맞는 것은 아니다. 게다가 요즘에는 군대가 정말 좋아지고 있어서 그런 비상식적인 관습들은 많이 사라졌다. 입대했을 당시와 전역을 앞둔 당시를 비교해보면 정말 혀를 내두를 정도로 변화되었다. 동기들과 이야기하면서도 "와, 우리 때는 저렇게 했으면 바로 불려갔는데" 하며 후임들을 쳐다볼 뿐이다. 걱정하지 말자. 어쨌든 당신이 생각한 것보다 그 이상은 아니다. 좋은 사람도 정말 많으니 걱정하지 말자.

★ ★ ★

선임의
선임이 되는 법

당신은 부대에서 인정받는 사람인가?
아니면 그 반대인가?

나는 현재 부대 최초로 총 3개월의 조기진급을 했다. 모범진급
덕분이다. 역대 우리 부대 역사에서 이례적인 조기진급 개월 수
다. 게다가 2018년 전역 전에, 포상을 받을 수 있는 최대 일수를 넘
긴 나는 다른 후임들에게 양도를 해야 할 포상만 두세 개는 된다.

나를 보고 많은 사람이 "원래 잘하던 놈이었거나 운이 좋겠지"
라고 말한다. 이렇게 말하는 사람들 중 부대에서 좋은 평을 받거
나 자신이 맡은 일에 최선을 다하며 살아가는 사람은 거의 보지 못
했다. 그들은 그저 흘러가는 대로 살 뿐이다. 내가 부대 최초로 3

개월 조기진급을 해서 맞선임보다 선임이 되기도 하고 부대의 모든 포상을 가져갈 수 있던 데에는 분명한 이유가 있다. 이유 없는 결과는 절대 있을 수 없다.

나는 현재 3개월 조기진급을 하면서 다른 용사들보다 20만 원 정도 월급을 더 받고 전역한다. 진급 누락까지 하는 동기는 나와 그 이상도 차이가 난다. 2017년부터 군 월급이 대폭 상승하면서 최근 내게 조기진급하는 법을 묻는 후임들이 많이 생겼다. 육군 규정 최대 조기진급 3개월이 명시된 그 최대를 나는 다 채운 것이다.

입대 시작부터 최선을 다했다

누군가는 "군대에서 보통만 하면 된다. 절대 잘하지 마라. 그렇다고 못하지도 마라"라고 조언한다. 상황마다 이런 융통성을 발휘할 필요는 있다. 하지만 입대를 하고 적응을 해야 할 시기에 이 같은 생각을 가지고 군 생활에 임한다면 꽤나 힘들 것이다.

나는 우리나라에서 가장 큰 훈련소인 논산 육군훈련소에 입대했다. 부모님과 헤어지며 속으로 멋지게 변해서 다시 만나 뵙자는 다짐을 하며 훈련소 조교들의 말을 잘 따랐다. 모든 게 새로웠고 처음이었다. 군대라는 환경도, 함께 지내는 사람들도 새로웠다. 모두가 적응을 잘 못하고 어리둥절해 있을 때 소대장님께서는 200명이 넘는 훈련병들 중에서 중대장 훈련병을 뽑겠다고 말씀하셨다.

"한다고 해서 좋은 것도 없고 힘들 거야. 해야 하는 것도 많고. 진짜 할 사람만 지원해라."

중대장 훈련병은, 쉽게 말해 학교의 회장 역할이다. 그 말이 끝남과 동시에 적응을 잘하던 맞은편 생활관 동기가 손을 들어 지원을 했다.

"그래, 좋다. 교번과 이름을 불러라. 어? 너는 뭐지? 너도 지원하는 건가?"

중대장 훈련병이 쥐도 새도 모르게 손을 들고 있는 나를 발견했다. 이왕 하는 거 열심히 해보자는 생각에 무의식적으로 손을 들어 지원을 한 것이다. 얼마 후 방송에서 나의 이름을 포함해 몇몇의 훈련병이 호명되었다. 면접이었다. 200명이 넘는 한 중대의 대표 훈련병이 되는 것이다 보니 선발이 까다로웠다. 배우지도 못한 제식을 바로 시키기도 했고 발성과 사회 경력까지 따져 물었다. 나는 하고자 하는 열정을 눈빛으로 쏘아 올렸고 이내 면접관께서는 나를 뽑으셨다. 30연대 2중대 중대장 훈련병으로 뽑혔는데 알고 보니 연예인 이승기도 똑같은 30연대 2중대 중대장 훈련병 출신 선배였다. 그래서 내가 실수를 하게 되면 이승기와 나를 뽑으신 면접관께서는 "아, 이승기는 한 번 듣고 바로 잘하던데?" 하며 장난스럽게 혼을 내기도 하셨다.

한 중대의 대표가 되니 나는 열심히 안 할 수가 없었다. 아니 잘해야만 했다. 입소식 진행, 총기 수여식 진행, 아침·저녁 점호 보고를 맡아서 했고, 무슨 일이 생기거나 해야 할 일이 있다면 앞장서서 했다. 모든 훈련을 최선을 다해 참여했다. 결국 수료식이 있는 당일 800명 중 1퍼센트, 여덟 명의 훈련소 성적 우수자로 뽑혀 대표로 상을 받게 되었다.

그 상으로 훈련소를 떠나 자대 배치를 받고 일병에서 상병으로 2개월 빨리 진급할 수 있게 되었다. 2개월 조기진급을 한 사실을 알게 된 주변에서는 자연스레 훈련소에서 중대장 훈련병으로 열심히 하다 온 애로 인식했고, 이는 나의 인상을 좋게 심어주는 데 일조했다.

특급전사는 꼭 하자

부대마다 특급전사를 뽑는 기준은 약간 상이할 수 있지만 특급전사를 따면 그 만족감과 희열은 남다르다. 특급전사가 된 기분은 따본 사람만 알 것이다. 게다가 1개월 조기진급도 가능해진다. 우리 부대는 교육기관이다 보니 따로 훈련을 받지 않았다. 체력 또한 훈련소에서 한 것이 끝이었다. 자대 배치를 받고 나서는 단체로 체력 훈련을 받은 적도 거의 없었다.

특급전사에 도전하기 위해서는 스스로 꾸준한 자기 관리와 운동이 필요했다. 특급전사 평가 요소는 윗몸일으키기, 팔굽혀펴기, 3킬로미터 뜀걸음, 사격 등이었다.

나는 특급전사를 목표로 매일 꾸준히 팔굽혀펴기와 뜀걸음을 시작했다. 많이는 못하더라도 꾸준히 하는 것을 목표로 세우고 이를 지켰다. 그리고 함께 도전할 동기를 구해서 파트너로 삼았다. 이런 내 모습을 보신 소대장께서는 하루 동안 조교로 교육 나가는 일정을 빼고 연습 사격을 보내주시기도 했다. 그렇게 열심히 준비했지만 특급전사는 호락호락하지 않았다. 첫 특급전사 시험에서 아쉽게 사격과 윗몸일으키기에서 1급이 나와 떨어지고 말았다.

그러나 나는 포기하지 않고 다시 팔굽혀펴기, 윗몸일으키기, 뜀걸음까지 매일 짬짬이 시간을 내 다시 준비했다. 사격이 있는 날이면 소대장께 양해를 구하고 꼭 갔다. 주변에서도 매일 꾸준히 하는 모습을 보고 응원을 해주었다. 결국 두 번째 도전 끝에 특급전사를 딸 수 있었다. 특급전사로 1개월 조기진급과 포상휴가 그리고 상장을 받긴 했지만, 무엇보다 지금까지 꾸준히 나 자신과의 싸움에서 이겼다는 생각에 행복했다. 정신력이 강해졌음을 느꼈다.

그렇게 총 나는 3개월의 조기진급을 부대 최초로 이룰 수 있었다. 조기진급을 했다고 해서 나보다 선임인 분들이 갑자기 나의 후임이 되지는 않는다. 나는 오히려 선임들에게 더 잘했고, 후임들의 본보기가 되기 위해 더욱 노력했다.

나는 군 생활 동안 이 두 가지를 통해 큰 변화를 느꼈다. 첫째는 자리가 사람을 만든다는 것이고, 둘째는 꾸준함은 평범한 사람을 비범하게 만드는 힘이 있다는 것이다.

나는 이 두 가지를 전역 후에도 사용할 생각이다. 보다 열심히 할 수 있는 환경에 나 스스로를 집어넣기 위해 이상적인 환경을 찾아 들어갈 것이고, 내가 목표한 것을 이루기 위한 자신과의 싸움에서 꾸준히 노력해 끝까지 목표를 이루어낼 것이다. 실패해도 될 때까지 할 것이다.

당신은 어떠한가? 입대를 이미 했든 하지 않았든 현재 상태에서 아무것도 하지 않은 채 상황이 더 나아지기만을 바라고 있지는 않은가? 알베르트 아인슈타인은 이렇게 말했다.

"같은 일을 반복하면서 다른 결과가 나오기를 기대하는 사람은 정신이상자다."

나는 이 말에 큰 교훈을 얻는다. 많은 사람이 과정은 생각하지 않고 다른 결과, 즉 좋은 결과만을 원한다. 그러면서도 같은 일상을 반복한다. 새로운 결과를 원한다면, 더 좋은 결과를 원한다면 더 이상 같은 일을 반복하지 말자.

환경을 바꿔보기도 하고, 목표를 정했으면 그것을 이룰 때까지 도전해보자. 옛날에는 비가 안 오면 매일 기우제를 지냈다. 그렇다고 비가 왔을까? 진짜 왔다. 어째서일까? 농민들의 기도가 간절해서? 아니다. 비가 올 때까지 기우제를 지냈기 때문이다.

당신이라고 3개월 조기진급을 못할 것 없다. 그리고 이런 도전을 해본다면 더 값진 인생의 깨달음을 얻을 것이다.

★ ★ ★
일병이 군인 200명을 대상으로 강연을 하다

　　"자네 발표 잘 보았네. 그 발표, 우리 부대 용사들 200명을 대상으로 다시 해줄 수 있겠는가?"

　　입대한 지 7개월째인 일병에게 대장의 명령이 떨어졌다. 그 말을 옆에서 함께 듣던 간부님과 용사들은 즉각 반응했다.

　　"와~, 그거 이제 전체로 해주는 거야?"

　　여느 때와 다름없이 교육지원을 하고 막사로 돌아오던 평일 오후, 고작 일병인 나에게 200명을 대상으로 강연을 하라는 섭외가 들어왔다. 나는 그 명령과 주변 사람들의 반응에 얼떨떨할 뿐이다. 도대체 무슨 일이 있었던 것일까?

자신 있다면 주저하지 말고 도전하라

내가 교육지원대 조교로 복무했을 때 이야기다. 군인에게 휴가는 늘 가장 민감한 사항이다. 포상휴가가 걸린 체육대회가 있는 날에는 진짜 전쟁이 일어난다. 우리 부대는 내가 입대하기 전 체육대회에서 사병이 크게 다치는 사고가 있어 내가 입대했을 땐 이미 체육대회가 없어진 상태였다.

군인에게 체육대회 말고는 포상휴가를 받을 수 있는 기회가 거의 없다. 계속되는 포상 가뭄에 용사들의 포상 건의로 부대 최초로 독후감 발표대회가 개최되었다.

처음으로 진행된 발표대회는 대장님의 직접 지시로 PPT 제작과 연습 여건이 보장되었다. 처음 공고문을 본 나는 속으로 '이건 내 거다!'를 외쳤다. 다른 건 자신 없어도 PPT 발표는 자신 있었다. 입대 전 스피치 지도사 자격증을 취득했으며, 부산, 울산, 경남 지역 '창의 인재 경연대회' 스피치 분야에서 대상을, DEU 프레젠테이션 대회에서 2등을 수상해 상금 60만 원을 받은 적도 있었다.

한창 조교로 교육지원이 많아 매일 바쁜 시즌이긴 했지만 이것만큼은 놓치고 싶지 않았다. 그만큼 자신 있었고 부대 최초로 시행된 대회이다 보니 꼭 한번 좋은 결과를 얻고 싶었다. 주저하지 않고 지원했다. 선임과 간부께 이야기를 드리고 정말 열심히 준비했다. 내가 선택한 책은 박충훈 저자의 《태극기의 탄생》이었다.

지금까지 살면서 태극기가 어떻게 만들어졌는지 배워본 적이 없어서 발표자인 나부터가 흥미가 생겼고, 나의 발표를 들을 사람들에게도 스토리텔링 방식으로 재미있게 전해보고 싶었다.

하지만 책을 읽으려니 책이 너무 두꺼웠다. 게다가 역사에 대한 배경 지식이 부족해서 처음부터 골머리를 썩었다. 첫 장만 해도 읽다가 다시 읽고 또다시 읽고를 반복했다. 일단 읽어야 독후감 발표 대회 준비를 할 텐데, 대회 날까지 다 읽지도 못할 것 같았다.

매일 아침 일찍 나가 오후 늦게 돌아오는 막내 일병의 하루는 책을 읽고 그에 대해 생각으로 정리할 시간이 턱없이 부족했다. 게다가 연등(취침시간에 잠을 자지 않고 공부나 독서 등을 하는 것)을 하더라도 피곤해서 책을 읽다가 졸기 일쑤였다.

나는 고민 끝에 대회 준비를 포기하려 했다. 하지만 이내 내 생각이 잘못되었다는 걸 느꼈다. 환경이 받쳐주지 않는다고 포기하기엔 자존심이 상했다. 나는 다시 시작했다. 매일 무조건 읽을 책의 페이지를 정했고, 일과 중간중간에 수첩과 펜을 들고 다니며 틈이 날 때마다 PPT 제작을 그림으로 그려가며 준비했다. 그렇게 조금씩 하다 보니 속도가 붙었다.

조교 일을 다 마치고 난 뒤에 곧바로 컴퓨터실로 달려가 수첩을 꺼내 들고 바로 PPT로 만들었다. 그리고 다 만든 PPT를 다시 수첩에 그대로 옮겨 그렸다. 당시 부대에 있던 프린터기가 고장이 나 프린터를 쓸 수 없는 환경이었다. 그 탓에 수첩을 들고 다니며 틈이 날 때마다 대본을 머릿속으로 그려가며 준비했다. 보름 동안은 계속 혼잣말만 했다. 이렇게 해서 "태극기의 탄생을 발표할 일병 손유섭입니다! 기…… 기…… 긴장하시지 마시고 제 이야기를 들어주시면 감사하겠습니다" 하며 약간의 유머를 가미한 발표 준비를 마침내 끝냈다.

발표 당일 열네 명의 참가자들이 모였다. 내가 그중에서도 제일 막내였다. 살짝 기가 죽었다. 그 열네 명은 모두 선임이었고, 부대에서 이름 난 엘리트들이었다. 서울대를 시작으로 해외 유학파까지 있었다. 결과는 어떻게 되었을까?

포기하지 않고 끝까지 한 결과 나는 1등이라는 최고의 결과를 만들어냈다. 태극기의 탄생 유래를 재미있게 이야기하며 끝에는 나의 생각을 전하며 듣는 이들이 눈물을 글썽일 정도로 큰 감동을 전달했다. 맨 마지막 순서를 하게 된 나는 준비한 모든 것을 120퍼센트로 해버렸다. 자신 있게 했다. 심사위원은 대장님과 부대 간부, 선임들이 맡았다. 발표를 시작하고 얼마 지나지 않아 한껏 미소를 지으며 나의 발표를 들으시는 대장님의 표정을 보며 더욱 자신감을 갖고 여유를 부리며 할 수 있게 되었다.

끝나고 심사위원을 맡았던 간부께서는 "제일 마지막이라 떨리기도 했을 텐데 정말 잘하더라. 정말 재미와 감동을 다 받았다. 최고였다"라고 말씀해주셨다. 또 발표대회에 참가한 옆 생활관 김 상병님께서는 "돈을 내고 강의를 듣는 느낌이었다!" 하는 호평을 해주었고, 그 외에도 좋은 평가들이 이어졌다. 이미 나로 1등이 정해진 느낌이었다. 결국 대상을 받고 포상휴가 3박 4일을 받게 되었다.

대회가 끝나고 참관했던 선임들과 간부들의 반응으로 자연스레 부대 내에 나의 이름이 알려지기 시작했다. 그러자 대장님이 나의 발표를 듣지 못한 나머지 용사들과 간부들이 불쌍하다며 금요일 오후 교육지원대 병력 200명을 모아 내 앞에 앉게 한 것이다. 떨리기도 했지만, 군 생활의 또 다른 전환점이 될 것 같다는 생각에 대회 당일보다 더 준비를 많이 해서 성공적으로 마무리할 수 있었다.

여느 부대 신병처럼 나도 입대 당시에는 열정이 많았으나 어렵고 힘든 상황에 직면하자 자신 있던 것도 그만두고 싶어졌다. 당시 내 상황이 힘들다고 투덜거리고 환경이 받쳐주지 않는다며 지레 포기했으면 어떻게 되었을까? 가끔 생각해본다. 아마 다른 이가 그 기회를 잡고 200명의 용사들과 간부님들에게 멋진 발표를 하지 않았을까?

당신은 나의 상황이었다면 어떻게 했을 것인가? 혹시 다음 기회를 생각하며 포기하지는 않았을까? 각자 부대로 가게 되면 개인의 개성에 맞게 도전할 수 있는 것이 많이 있을 것이다. 그림, 음악, 체육, 발표 등 다양하다. 그 어떤 것이 되었든 이거다 싶으면 도전하자.

하다 보면 시행착오도 생길 것이다. 쉽지 않을 수도 있다. 하지만 끝까지 포기하지 말고 하는 것이 중요하다. 그렇게 하다 보면 당신이 바라던 결과를 얻을 수 있다. 주저하지 말고 해버리자. 당신은 할 수 있다!

★ ★ ★

한 분대를 이끄는 분대장이
되기까지

어릴 적부터 우리는 학교 반장이나 동아리 회장 등 소속된 곳에서 리더가 되었다고 하면 "우와! 너 리더십 있구나! 멋지다"라고 말한다. 리더십이 있는 사람을 높이 평가하는 경우가 많다. 리더는 늘 많은 사람에게 인정을 받는다. 대학교를 지원하거나 회사 면접을 볼 때도 리더십을 발휘한 경험이 있는지에 대한 질문을 꼭 받게 된다.

나도 감투에 늘 욕심이 있는 사람이라 고등학교 시절 3년 연속 부반장을 했고, 경제심화학습 동아리, 웰빙요리부 회장을 지냈다. 대학교에 올라와서도 중앙동아리 마술부 회장을 했고, 창업 동아리 대표도 했다. 늘 나는 열정을 가지고 누군가에게 동기부여하며 이끌어주고 그것으로 인해 내가 소속된 곳이 좋은 평가를 받거나 큰 결과를 얻게 될 때 행복감을 느꼈다. 그런 경험을 통해 나는 '자신이 능력이 있고, 하고자 하는 마음만 있다면 리더의 자리는 언제든지 할 수 있구나'를 느꼈다.

하지만 아무리 능력이 있고, 하고자 하는 마음이 있더라도 자신의 마음대로 리더의 자리를 차지 못하는 곳이 딱 한 군데 있다. 바로 군대다. 군대는 자신이 아무리 능력이 있고 잘났을지라도 입대한 순서대로 계급이 정해지며, 그 계급에 따라 힘이 생긴다. 군대 용어로 짬, 얼마나 오래 군대에 있었냐로 리더의 자리에 오를수 있다. 그런 곳에서는 어떻게 리더십을 기를 수 있을까?

팔로워십을 먼저 배우자

나는 한 달간 훈련소 생활을 할 때 훈련생 800명 중 한 명, 연대 1퍼센트의 성적 우수자로 선정되어 연대장 표창과 포상휴가를 받고 훈련소를 수료했다. 훈련소에 있을 때는 200명을 대표하는 중대장 훈련병을 하며 직접 훈련병들을 통솔하고 상급자에게 매일 아침, 저녁으로 특이 사항을 보고하는 등 리더의 역할을 수행하며 나름 인정받았고, 조교를 선발하기 위해 훈련소를 찾은 육군부사관학교의 면접에 운 좋게 응시해 조교로 선발되는 행운을 얻어 자대 배치까지 받았다.

가기 싫었던 군대에서 승승장구하며 자대 배치까지 오게 되니 자신감이 붙었다. '군대라는 새로운 환경에서 리더십을 더욱 기를 수 있는 계기가 되겠구나' 하고 군대에 대한 긍정적인 생각이 들기 시작했다. 하지만 자대 배치를 받고 난 뒤의 상황은 나의 예상과 전혀 달랐다. 훈련소에서 200명을 대표하는 중대장 훈련병이었고, 800명 중 1퍼센트로 수료를 해서 표창과 포상휴가를 받은 것은 전혀 상관이 없었다. 군대는 절대 계급사회였으며, 나이가 적든 많든 사회 경력이 적든 많든 입대를 한 순으로 리더십을 발휘할 수 있었다.

내가 속한 분대의 대표인 분대장도 전역을 5개월 앞둔, 입대한 지 가장 오래된 고참이 맡아 이끌고 있었다. 신기했다. 리더 경험이 많더라도 결국 내 위에 있는 고참들이 모두 전역을 해야 리더십을 발휘할 기회가 온다는 사실이.

그런 환경에서 나는 마음을 고쳐먹었다.

'내가 제일 고참이 되려면 1년은 더 군 복무를 해야 하는데 그 전까지는 먼저 팔로워십을 기르자.'

늘 리더의 입장에서만 바라보았던 시선을 탈피하고 리더 밑에 있는 입장의 시선은 어떨지를 배워보기로 했다. 리더를 따르는 입장으로 바라보며 팔로워십을 기르기로 했다. 언제 리더의 말을 따르고 싶어지고, 어떻게 해야 리더를 잘 도울 수 있는지를 늘 살폈다. 내가 시작했던 팔로워십을 기르는 법은 단순했다. 분대장이 단체로 모여 지시를 내리면 집중해서 잘 듣고 나의 계급과 나의 능력을 객관적으로 살핀 후 내가 가장 잘할 수 있는 방법으로 즉시 움직였다.

처음에는 쉽지 않았다. '아……, 내가 분대장이었으면 저렇게 하는 것보단 이런 식으로 했을 텐데' 하며 속으로 답답해할 때가 많았다. 그래도 끝까지 분대장들의 지시를 철석같이 믿고 최대한 따르려고 노력했다. 일단 나보다 군 생활을 많이 했고, 다른 방법일지라도 실제로 해봤을 때 더 좋은 결과가 생길지 모르니 믿고 따랐다.

나의 그런 모습을 쭉 지켜본 분대장은, 나와 계급 차이가 많이 났으면서도 어느 순간부터 나에게 조언을 구하기도 했다. 자신은 이렇게 생각해서 이렇게 한번 분대를 이끌어보려고 하는데 너는 어떻게 생각하느냐는 등 내가 잘 따르려고 할수록 나를 더 믿어주며 내 말에 귀를 기울여주셨다. 나는 그제야 편하게 '저였으면 이런 상황에선 이렇게 했을 것 같다'고 말씀드리며 서로 소통하여 분대를 잘 이끌어갈 수 있었다.

1년간 배운 팔로워십으로 드디어 분대장이 되다

1년간 나는 리더의 입장이 아닌 늘 따르는 입장이 되어, 분대장의 든든한 오른팔이 되기 위해 노력했다. 팔로워십을 기르고,

따르는 사람의 입장이 되어 1년 동안 리더를 연구했다. 시간이 흘러 나는 드디어 한 분대를 이끄는 분대장이 되었다. 내 밑으로 총 열 명의 병사들이 있었고, 한 명 한 명의 특이 사항을 파악하고, 애로 사항은 소대장께 즉각 보고해야 했다. 상황에 맞게 내가 융통성 있게 해결하기도 하며 지난 1년 동안 '내가 분대장이 되면 이렇게 했을 텐데' 하고 연구했던 것을 실제로 하게 된 것이다.

그중 가장 하고 싶었던 것이 있었는데 바로 분대 외출이었다. 조교로 군 복무를 하다 조교 감축으로 경계반에 소속되면서 나는 경계3분대 분대장을 맡게 되었다. 경계병 특성상 주말도 없이 매일 근무를 서기 때문에 애로 사항이 많았다. 내가 아프면 누군가 대신 근무를 서야 하기 때문에 마음대로 아프지도 못했다. 게다가 다른 부서들은 분대 단합을 위해 분대원 전원이 주말 하루 동안 날을 잡아서 분대 외출을 종종 나가곤 했다. 경계병들은 한 분대가 나가버리면 근무 서는 사람 열 명이 사라지는 것이기 때문에 단합을 위한 분대 외출은 꿈에도 생각하지 못했다. 그저 전역할 때까지 주말 없이 매일 근무만 서다가 전역하는 것이다.

내가 분대장이 되었을 때 가장 먼저 추진한 것이 바로 분대 외출이었다. 불가능할 것 같은 상황을 분대원들과 상의해서 가능하게 만들고 싶었고, 꼭 분대원들끼리 좋은 추억을 만들고 싶었다. 결국, 경계2분대에게 제안을 했다. 2분대가 하루 출타제한을 해서 2분대 전원이 근무를 서고, 거기에 3분대는 근무를 설 수 있는

분대 외출

최소 인원 두 명만 남기고 경계3분대는 분대 외출을 나가겠다. 대신 2분대가 분대 외출을 나가게 될 때는 우리 분대가 모두 출타제한을 하고 그날 근무를 우리 3분대가 모두 서겠다. 이 제안은 생각보다 수월하게 진행되었다. 이 의견을 종합해서 경계반장께 말씀드렸고, 경계반장은 또 대장님에게 직접 보고를 드렸다. 대장님은 경계병의 애로 사항을 인지하고 계셨기에 이 소식을 듣자마자 분대원 전원 포상 외출을 주셨다. 결국 우리 경계3분대는 포상외출을 받아 분대원 전원 외출을 나가게 되었다. 경계반 창설 이래 처음 생긴 일이었다.

　포상외출을 받고 나는 하루 동안 어떻게로 하면 분대원 전원이 알차게 놀 수 있을지 고민하고 의논하며 최고로 이상적인 스케줄을 세웠다. 하루 동안 영화, 볼링, 밥, 게임, 단체 사진 촬영을 하였고, 웃음이 끊이지 않는 하루를 보낼 수 있었다. 군 생활 중 절대 잊지 못할 하루였다.

1년 동안 리더가 아닌 입장으로 리더를 바라보며 내가 리더가 된다면 이렇게 해야겠다고 연구했던 팔로워십은 나를 더욱 성장하게 만들었다. 결국, 리더십이 있다 할지라도 팔로워십을 알지 못한다면 100퍼센트 최고의 리더는 될 수 없다. 그들의 마음을 제대로 헤아릴 줄 아는 리디가 되어야 한다. 리더가 되기 전 최고의 팔로워가 되어보자.

(TIP)

특급전사가 되기 위한 조건

군에서 매년 분기마다 병사들을 대상으로 전투력이 우수한 장병을 선발하는데, 이 중 사격, 체력, 정신전력에서 우수한 장병에게 특급전사라는 호칭이 부여된다. 특급전사 출신 연예인으로는 비, 유노윤호, 유승호, 이승기, 임시완 등이 있다. 다음과 같은 조건을 모두 통과해야 특급전사라는 호칭을 부여받을 수 있다.

- 사격 : 총 20발 기준 90%(18발) 이상 명중
- 체력검정
  - 기초체력
    - 팔굽혀펴기 : 2분에 72회 이상
    - 윗몸일으키기 : 2분에 82회 이상
    - 3km 달리기 : 12분 30초 이내
  - 전투체력
    - 완전군장 25kg으로 10km 급속행군 : 2시간 10분 이내
    - 단독군장 15kg으로 5km 뜀걸음 : 40분 이내
- 정신교육 : 구술, 필기 90점 이상
- 전투기량 : 각개전투 및 주특기
- 경계근무 요령

※ 특급전사 혜택
- 조기 진급 : 1~2개월 조기 진급 가능
- 포상휴가 : 3박 4일 또는 4박 5일
- 성과제 외박 우선권
- 각종 선발시 우선권 부여

CHAPTER 5

군대

자기계발

비법

★ ★ ★

군 버킷리스트를
작성하라

"무엇이든 내가 태어나기 전보다 조금
이라도 더 나은 세상을 만들어놓고 가는 것. 내가 이곳에 살다 간
덕분에 단 한 사람의 삶이라도 더 풍요로워지는 것."

미국의 사상가 랠프 월도 에머슨의 명언을 바탕으로 나도 내
꿈을 정했다. 세상에 선한 영향력을 끼치는 사람이 되는 것. 이것
이 내 꿈이다. 현재, 그 목표에 맞춰 세상에 선한 영향력을 끼칠 수
있는 사람으로 나를 성장시키고 있다. 이 꿈을 가진 후 내 인생이
바뀌기 시작했다. 공부를 시작했고, 책을 읽기 시작했다. 많은 사
람들과 이야기를 나누기 시작했고, 내가 한마디를 하면 두 마디를
듣기 위해 노력했다.

인생에 목표와 꿈을 가지면 그때부터 자신이 해야 일이 보이기 시작한다. 그리고 그 목표에 맞춰 생각이 변화되고, 행동이 변화된다. 선택한 목표를 이루기 위해서는 그에 맞는 일을 해야 하기 때문이다. 꿈을 날짜와 함께 적으면 그것은 목표가 되고, 목표를 잘게 나누면 그것은 계획이 되며, 그 계획을 실행에 옮기면 꿈은 실현이 된다. 누군가 당신에게 꿈과 목표를 묻는다는 것은 지금 당장 당신이 실현시키고 싶은 것이 무엇인지를 묻는 것과 같다.

그렇다면 입대 후, 당신은 무엇을 실현 시키고 싶은가? 한번 적어보자.

군대에도 버킷리스트가 있다

입대 후 가장 먼저 해야 할 일은 바로 목표를 세우는 것이다. 전역할 때까지 이루고 싶은 목표를 적어보자. 그렇게 세운 목표는 전역 전날까지 우리에게 무언가 이룰 수 있게 해주는 동기부여와 원동력이 되어준다. 목표는 자신의 환경에 맞게 정하는 것이 좋다. 여력이 되지 않는 환경에서 무리한 목표를 세우는 것은 오히려 독이 된다. 차근차근 해볼 수 있는 것들을 군 생활에 적응해가며 생각해보자.

목표를 정하는 사람은 크게 두 가지로 나뉜다.

첫째, 이미 정해진 꿈이 있어 무엇을 준비해야 할지 아는 사람.

둘째, 아직 무엇을 해야 할지 모르겠고 꿈이 없는 사람.

전자는 정해진 꿈에 맞춰 군에서 준비할 수 있는 것들이 무엇이 있는지 고민해보고 결정하면 된다. 후자는 어떻게 하면 좋을까?

여기서 나는 군대를 슬기롭게 사용할 수 있는 팁을 제시해보려 한다. 군대에는 전국 방방곡곡 다양한 연령층과 배경을 가진 사람들이 모여 있다. 나는 그들 덕분에 군대에서 전역 전까지 이루고 싶은 군 버킷리스트를 작성하다 재미난 경험을 하게 되었다.

지금 당신이 해보고 싶은 일을 이미 해본 사람은 당신 옆에 있다

TV를 보다가, 책을 읽다가, 누군가와 대화를 하다가, 아니면 그냥 가만히 있다가도 '이거 해보면 재미있겠다', '이거 한번 해볼까?', '나하고 잘 맞을 것 같은데?' 하는 것이 떠오르면 무조건 포스트잇에 적어두자. 그리고 자신이 지내는 방 가장 잘 보이는 곳에 붙여두자. 그리고 어떠한 일이 일어나는지 살펴보라.

입대한 지 넉 달이 넘어가던 때 부대에 외부 강사가 와서 인성 교육을 해주었다. 강사는 교육이 진행되면서 발표를 하는 병사들에게 선물을 주었다. 바로 캘리그라피였다. 운 좋게 발표를 통해 얻게 된 그 자그마한 종이는 내게 호기심을 불러일으켰다.

'이런 거 배워두면 선물용으로도 좋을 것 같고, 유익할 것 같은데?'

교육이 끝나고 포스트잇에 '캘리그라피 배우기'라는 목표를 적고 까먹지 않게 관물대에 붙여두었다. 이후 인터넷을 찾아보니 인터넷 강의 가격이 생각보다 꽤 비쌌다. 게다가 재료비까지 드니 부담이 되어 포기했다. 캘리그라피 배우는 것은 포기했지만 까먹고 관물대에 붙여진 목표가 적힌 포스트잇은 그대로였다. 그러던 어느 날, 한 선임이 나를 보러 왔다가 까먹고 떼지 못한 포스트잇을 발견했다. 그리고 이렇게 이야기했다.

"너도 캘리그라피에 관심 있니? 우리 소대 김 하사님, 캘리그라피 천재야! 고등학생 때부터 지금까지 하고 계셔."

그 말을 들은 즉시 김 하사를 찾아갔다.

"저…… 김 하사님. 캘리그라피 하실 줄 안다고 들었습니다. 혹시 시간 되시면 저 좀 가르쳐주실 수 있으십니까? 한번 배워보려고 인터넷을 찾아보니 가격도 비싸고 재료비도 부담 되서 포기했습니다."

김 하사는 나의 이야기를 듣고 흔쾌히 좋다고 하셨다. 게다가 본인이 쓰시던 비싼 캘리그라피용 붓펜과 캘리그라피용 종이를 모두 내게 주셨다. 그리고 일요일 종교행사가 끝나면 캘리그라피 수업을 매주 공짜로 들을 수 있었다. 그것도 일대일 과외로 말이다!

이 경험을 통해 '아~, 부대에 오래 복무한 고참들은 자연스레 부대에 복무하는 모든 간부나 병사들이 입대 전 무엇을 하다 왔는지, 특기가 뭔지를 대충 다 알고 있구나!'를 깨닫게 되었다.

이후 내가 한번 배워보고 싶은 것이 생기거나 호기심이 생긴 분야가 있다면 온갖 방법을 동원해서 부대 내에 이미 그것을 해본 사람이 있는지부터 찾았다. 인간관계가 돈독해 보이는 선임에게 물어보면 거의 슈퍼컴퓨터처럼 팍! 팍! 알려줄 것이다.

그렇게 나는 군대에서 다양한 분야의 사람을 만나 그들의 전문 분야에 대한 이야기를 들을 수 있었다. 호기심을 채울 수도 있었고 직접 배울 수도 있었다. 그렇게 만나다 군대에서 작사·작곡 다섯 곡을 한 아티스트 분에게 기타도 배웠고, 추가로 기타를 선물 받을 수 있었다.

그리고 입대를 하지 않았다면 보지도 못했을 타투이스트, 작곡가, 모델, 마라토너, 발레리노, 언더그라운드 래퍼, 댄서, 스페인 미슐랭 출신 셰프 등 생각지도 못한 세계의 이야기도 들을 수 있었다.

군대만큼 다양한 사람을 만날 수 있는 곳은 없다. 꼭 당신이 정해진 꿈이나 목표가 없다면 호기심이나 관심이 생기는 분야가 생길 때마다 주변에 알려보자. 그 알림을 통해 부대 내에 이미 그것을 해본 경험이 있는 사람들의 이야기를 직접 들어보자. 그 작은 알림으로 수백만 원이 넘는 과외비를 벌 수 있다. 축구 선수가 되고 싶다면 네이버에 축구 선수 되는 법을 검색해보기보다는 축구 선수를 직접 찾아가 어떻게 축구 선수가 되었는지 물어보고 그의 경험을 듣는 것이 그 길을 가는 가장 빠르고 도움이 되며 가장 큰 지혜를 얻는 방편일 것이다.

꿈이 있는 사람이라면 입대 후에 그 꿈을 위해 끊임없이 노력하고, 아직 명확한 꿈이 없는 사람이라면 진로 탐방을 위해 다양한 분야에서 경험을 쌓은 사람들과 만나고 소통하면서 간접 경험을 해보자. 이 간접 경험은 수십만, 수백만 원을 아끼고 시간도 아끼는 절호의 찬스가 될 것이다. 입대 후, 군 버킷리스트를 작성해 사람들의 눈에 잘 띄는 곳에 붙여두고, 이를 주변에 알리자. 길이 열릴 것이다.

★ ★ ★

한 달 만에 자격증
일곱 개 따는 법

　　내가 군대에서 취득한 자격증은 총 아홉 개, 그중 일곱 개는 한 달 만에 취득했다. 군대에서 따고 싶었던 자격증이 많이 있었던 것은 아니다. 한 선임이 자신이 따고 싶은 자격증이 있는데 같이 공부해보자고 한 것이 계기였다. 또 최근에 없어졌지만, 당시에는 우리 부대에서 자격증을 따면 포상휴가를 주는 제도가 있었다.

　그렇게 나는 국가자격증인 ITQ 한글, ITQ 인터넷, DIAT 한글, DIAT 인터넷, DIAT 정보통신상식, 문서실무사 한글, 문서실무사 영어 이렇게 총 일곱 개를 한 달 만에 취득하게 되었다. 그리고 상담자격증인 DISK 상담 자격증과 타로 상담 자격증도 취득했다.

자격증의 난이도를 보았을 땐 상대적으로 쉽게 취득할 수 있는 것이었지만 컴맹인 내가 한 달 만에 취득하는 것을 목표로 했기 때문에 쉽지만은 않았다. 그렇다면 어떻게 한 달 만에 자격증 일곱 개를 취득할 수 있었을까?

자신이 취득하고 싶은 분야의
자격증 딱 하나만 정하라

나는 컴맹이다. 내가 제일 싫어하는 것 또한 컴퓨터 게임이다. 게임을 못해서 싫어하고 컴퓨터 자체를 조금 어려워한다. 어릴 적 한 개 정도는 누구나 따놓는다는 흔하디 흔한 컴퓨터 관련 자격증조차 단 하나도 없다. 한글 문서 작성도 겨우 타이핑만 칠 줄 알았다. 다행히 선임이 같이 공부해보자고 권유해준 자격증은 기본적인 문서 작성과 컴퓨터 관련 기본 상식을 공부해볼 수 있는 계기가 될 것 같아 흔쾌히 받아들였다. 게다가 한 가지만 열심히 공부해놓으면 그와 연관된 자격증도 보다 쉽게 취득할 수 있다는 말에 혹해 한 달에 자격증 일곱 개 따기에 도전하게 되었다.

군대에서는 컴퓨터를 아무 때나 마음대로 사용할 수 없다. 그래서 일과가 모두 끝나고 연등 시간인 밤 10시부터 11시 반까지 컴퓨터를 사용하며 문서 작성법을 익혔다. 컴퓨터 사용이 제한되는 일과 시간에는 틈틈이 컴퓨터 관련 정보 상식과 문서 작성에 필요한 단축키를 수첩에 적어 외우면서 지냈다. 한동안 그렇게 지내다 보니 문서 작성 때 필요한 단축키를 모두 외우게 되었다. 단축키를 외우면 소요시간을 앞당길 수 있어 시험볼 때 요긴하다.

드디어 자격증 시험 일곱 개를 신청했다. 매주 부대 근처에 있는 시험장에서 시험만 치고 바로 오는 조건으로 4주에 걸친 시험을 허락받았다. 일곱 개라는 수가 주는 부담감도 있었다. 너무 무리하는 것 같기도 했고, 준비하면서 빠듯하다는 생각도 들었다. 애초에 기본적인 지식이나 컴퓨터 활용이 어색했던 나에겐 불안감이 생겼고 그러다 보니 시험 응시료까지 부담으로 다가왔다. 모두 한 번에 붙을 것 같지 않고 몇 개는 떨어질 것 같았기 때문이다. 그때마다 자격증 시험을 권유해준 선임이 나의 멘탈을 잡아주었다. 떨어져도 함께 또 공부해보자고 응원을 해주셨다.

결국, 우여곡절 끝에 친 시험 일곱 개에 모두 합격했다. 게다가 거의 만점 수준에 가까운 상위 등급을 받은 자격증이 무려 세 개나 됐다. 아슬아슬하게 붙은 자격증부터 상위 등급을 받은 자격증까지 총 일곱 개의 자격증은 내게 기쁨을 안겨주었고 자격증 포상까지 안겨주었다. 컴퓨터 생 초보자가 한 달 만에 컴퓨터 관련 자격증 일곱 개를 취득하다니……, 정말 기뻤다. 컴퓨터 관련 지식과 스킬뿐만 아니라 '아, 나도 하면 할 수 있구나!' 하는 자신감이 더 큰 수확이었다.

제일 약했던 컴퓨터 자격증도 이렇게 취득했는데 또 다른 자격증도 도전해봐야겠다는 자신감이 생겼다. 결국, 상담에 관심이 있었던 나는 휴가를 내어 DISK 상담 수업을 듣고 시험을 치고 상담 자격증을 취득했다. 그리고 타로 상담에도 관심이 생겨 군대에서 인터넷 강의를 신청해서 타로 공부도 하였다. 이후 타로 상담 자격증도 취득하게 되었다. 내가 가장 못했던 컴퓨터 관련 자격증 일곱 개와 내가 가장 관심 있던 상담 자격증 두 개 취득은 군대에서 얻게 된 무기이며 자신감을 얻게 해준 계기였다.

한번 자격증에 도전해보라. 그러면 자격증 이상의 무언가를 얻게 될 것이다. 지금까지 잘하고 싶었지만 잘하지 못했던 분야 혹은 지금껏 관심은 가지고 있었지만 도전해보지 못한 공부가 있다면 도전해보자.

자격증을 함께 취득할 동료를 구하라

'빨리 가려면 혼자 가고, 멀리 가려면 함께 가라.'

아프리카 속담 중 하나다. 자격증은 빨리 갈 수 있는 곳이 아니라 멀리 가야 할 곳이라 생각한다. 컴퓨터 관련 자격증을 취득할 때도, 상담 자격증을 취득할 때도 나 혼자 공부하지 않았다. 나는 그렇게 집중력이 좋은 편이 아니었고 어떤 면에서는 게으른 편이었다. 내가 포기할 것 같을 때 잡아줄 사람이 필요했다. 다행히 컴퓨터 관련 자격증은 부대 내에 있던 선임이 잡아주었고, 상담 자격증은 사회에 있을 때 친하게 지내던 형이 잡아주었다. 빨리 가려면 혼자 가고, 멀리 가려면 함께 가라는 말을 깊이 깨닫게 되었다.

자격증은 타고난 머리가 있거나 끈기가 있는 사람이라면 혼자 빨리 해치우면 된다. 하지만 나는 그렇지 않았다. 남들보다 준비기간을 길게 잡아야 했고 빨리 가는 계획을 세우기보다는 장기간 멀리 가는 계획을 잡아야만 했다. 그때 필요한 것이 바로 함께 갈 동료다.

군대 입대 후 군에 어느 정도 적응을 한 사람들은 사회로 나갈 준비를 위해 자격증 취득을 많이 노린다. 많이는 아니더라도 그만큼 열정이 있는 사람 선에서는 그렇다는 말이다. 나 또한 주변에서 토익, 일본어 능력 시험(JLPT), 한국사, 컴퓨터 자격증, 상담 자격증 등을 준비하는 사람을 종종 보았다. 하지만 끝까지 준비해서 시험까지 가는 경우는 그렇게 많지 않았다. 공부를 하다가 군대에서 받는 스트레스나 예상치 못한 일들 때문에 꾸준히 하기가 쉽지 않기 때문이다.

자격증 취득을 준비하다가 포기하게 되면 그동안의 노력은 수포로 돌아간다. 시작해서 끝을 볼 확률을 높이는 방법은 역시 동료를 구하는 것이다. 옆 생활관 선임 중 한 분도 한국사 자격증 공부를 시작했다는 소식을 6개월 전에 들었는데 최근에야 취득했다는 소식을 들었다. 시작한 지는 6개월인데 사실 공부한 것은 두 달 조금 넘었다고 했다. 6개월 중 4개월은 시작했다가 포기했던 기간이었다. 공부하자는 생활관 동기가 나타나 두 달 조금 넘게 준비한 끝에 취득할 수 있었다고 했다.

군대는 자기가 공부하고 싶을 때 공부할 수 있는 환경이 아니다. 공부할 수 있는 시간도 어느 정도 정해져 있다. 게다가 밤에 자야 하는 시간도 정해져 있어 밤샘 공부란 존재하지 않는다. 하지만 열정이 있는 사람은 낚시할 때 쓰는 헤드라이트를 구입해 밤마다 이불을 덮어쓰고 공부하기도 한다. 결국 자기 하기 나름이다.

★ ★ ★

3개월 만에 보디빌더
몸 만들기

거친 숨소리와 뜨거운 열기로 가득한 무대, 번쩍이는 조명과 빰! 빰! 리듬감 넘치는 노랫소리 그리고 관중들의 큰 함성이 울려 퍼진다. 팬티 한 장 걸치고 근육을 쥐어짜는 선수들, 무대 뒤에서 끊임없이 푸시업을 하며 땀으로 온몸을 적시는 사람들과 찰칵찰칵 그런 장면들을 열심히 찍는 기자와 사진작가들의 표정이 사뭇 진지하다.

이 무대 한가운데 팬티 한 장 걸치고 있는 서 있는 스물세 살의 사내, 바로 나 손유섭이다.

남자들의 로망, 조각 같은 몸매를 만들다

나는 운동선수도 아니고 운동을 좋아하는 사람도 아니었다. 그저 지방대에 다니는 왜소하고 평범한 무역학과 학생이었다. 무역학과와 청소년상담학을 복수전공하던 내가 보디빌딩 대회라니, 쉽게 떠오르는 조합은 아니다. 나 역시 같은 생각을 가지고 있었다. 그러나 그 편견을 깨기 위해 군대에서 미친 도전을 결심했고, 멋진 결과를 만들 수 있었다.

나는 어린 시절부터 몸이 약했다. 매일 아침 세수를 하다 코피를 흘리는 것이 일상이었고, 밥만 먹으면 자는 지독한 식곤증도 있었다. 조금만 운동을 해도 급히 피곤해져서 수업시간만 되면 자는 게 습관이었다. 운동을 잘하고 체력과 체격이 좋은 친구들을 볼 때면 부럽기만 했다. 성인이 되어도 키가 큰다는 말에 속아 살다 결국 174센티미터 흔히 말하는 '어좁이' 어른이 되었다. 그렇게 나는 오랫동안 마른 체형에 키도 적당한 평범한 학생으로 살았다.

입대를 하고 어느 날, 나는 22년 동안 생각만으로 그쳤던 '그 일'을 군대에서 시작하기로 마음먹었다. 체격은 타고나야 한다고 생각했던 몸을 군대에서 바꿔보기로 했다. 일단 그 시작은 군대의 헬스장인 체력 단련장에 가보는 것이었다.

무역학과 학생, WMM 보디빌딩 대회에 나가다

나는 몸을 만들겠다는 일념 하나로 그 즉시, 망설이지 않고 부대 내 체력단련장으로 달려갔다. 그리고 몸이 제일 좋아 보이는 선임에게 달려가 운동을 알려달라고 했다. 그리고 운동 파트너가 되어 매일 두 시간씩 하루도 빠짐없이 운동을 했다. 3개월이 되자 운동을 안 하면 몸이 간지러울 정도로 운동이 습관이 되었다. 6개월이 되자 바뀌지 않을 것만 같았던 체격이 변화하기 시작했다. 그때부터는 주변의 달라진 시선도 느낄 수 있다. 그리고 10개월이 되자 부대 내 TOP 3 안에 들어갈 정도로 몸이 좋아졌다.

그런데 바뀐 것은 몸뿐만이 아니었다. 운동이라는 것은 나에게 자신감을 주었고, 체격과 함께 체력도 좋아졌다. 자연스레 부대 내 특급전사로 선발되어 조기진급까지 할 수 있었다. 게다가 운동을 시작하면 힘들어서 책을 읽을 때 피곤할 줄 알았는데 오히려 체력이 올라 집중력이 높아졌다. 그렇게 10개월이 지나서는 입대 전 입었던 반팔 티가 몸에 쫙 달라붙게 되었고, 이후 내게 운동법을 물어보는 후임들이 생기기 시작했다.

그러던 중 엄청난 기회가 찾아왔다. 사회에서 가장 이름난 전문 보디빌딩 대회인 '머슬매니아'에서 국내 최초로 군인을 대상으로 보디빌딩 대회를 개최한다는 소식이었다. 더구나 대회 개최 장소가 바로 육군부사관학교, 내가 복무하는 부대였다. 국내 최초로 진행된 행사이다 보니 여론의 이목이 쏠렸고, 세계적인 모델, 선수들이 매주 부대로 찾아와 예선을 통과한 출전 군인 선수들을 개인 코치해주었다. 다행히 나도 3개월의 눈물겨운 준비로 부대 내 최종 10인으로 예선을 통과했다. 그것이 기회가 되어 설동근 선수, 안인선 선수, 이성현 선수, 이영도 선수 등 세계적인 모델, 선수들에게 운동을 배울 수 있었다. 처음으로 고구마와 닭 가슴살, 필수 영양소만 먹는 식단 조절을 해봤고, 대회 하루 전에는 근육의 선명도를 높이기 위해 단수까지 해보았다.

최종 WMM 보디빌딩 대회 당일 무대 앞에는 VVIP 행사 관계자들과 투 스타이신 학교장을 비롯한 부대 내 간부들, 용사들까지 수백 명의 사람이 모였다. 그곳에서 나는 당당히 쟁쟁한 참가자들 사이에서 3등을 했다. 수상자 중 유일한 용사였다. 1등과 2등은 혜택으로 《MAX-Q》 잡지 9월호의 표지 모델이 되었다. 아쉽게 3등을 한 나는 〈국방일보〉와 《MAX-Q》 잡지에 사진작가가 찍은 개인 사진이 실리는 것으로 만족해야 했다. 그 잡지를 우연히 본 친구가 얼마 전 연락이 와서 "어떻게 네 사진이 있냐" 하며 놀라는 반응을 듣기도 했다.

전국 최초로 군 대상으로 열린 WMM 보디빌딩 대회에서 유일한 용사로 수상하게 되며, 이후에는 부대 내 헬스트레이너로 활동하게 되었다. 또한 제2회 WMM 보디빌딩 대회 개최 당일에는 찬조 공연을 섭외받아 세계적인 선수들과 함께 또다시 무대에 오르기도 했다.

1 WMM 보디빌딩 대회 3위 수상 2 대회 모습 3 심사위원 양호석 선수(왼쪽)와 함께

평범했던 내가 보디빌더가 되기까지 사실 꽤 오랜 시간이 걸렸다. 1년은 족히 걸렸다. 그 기간 동안 하루도 빠짐없이 운동을 하기는 쉽지 않았다. 조교 때는 매주 한 번씩 야간 교육이 있었고, 아침 일찍 나가 밤 10시가 되어 부대에 복귀했다. 경계병 때는 매일 밤마다 야간 근무를 서기 위해 남들이 잘 때마다 깨서 근무를 위해 나갔다. 주말도 마찬가지였다. 그럼에도 불구하고 내가 끝까지 할 수 있었던 이유는 딱 하나였다. 아무리 생각해도 이렇게 운동을 꾸준히 할 수 있는 환경과 내 인생 최고의 몸을 만들 수 있는 기회는 군대에 있을 때밖에 없을 것 같았기 때문이다.

사회에 나가면 군대에 있을 때만큼 꾸준히 운동하기가 힘들다. 술 약속, 밥 약속, 학교 공부, 대외 활동 등 바쁜 생활을 하게 된다. 군대만큼 몸만들기 좋은 환경은 없다. 일단 규칙적인 생활, 균형 잡힌 식사, 부대마다 꼭 한 명씩은 있는 몸 좋은 선임, 이렇게 세 가지만 이용해도 충분히 전역 전까지 조각 같은 몸을 만들 수 있다.

다만, 꾸준히 해야 할 것이다. 간단히 이야기했지만 나는 운동을 하며 '지옥이 이런 곳이구나'를 느꼈다. 군대가 남자들의 로망인 '어깨깡패'와 조각 같은 몸매를 얻을 수 있는 최고의 환경은 맞다. 하지만 이런 몸을 만드는 데 성공한 내가 한마디 덧붙이자면, '몸 만들기로 마음먹은 당신, 앞으로 지옥문이 열릴 것이다'라는 말을 해주고 싶다. 하지만 힘든 만큼 당신은 전역 후 많은 사람들의 부러운 눈빛을 맘껏 받게 될 것이며 넓은 어깨에 맞는 옷을 새로 사야 해서 행복한 비명을 지르게 될 것이다.

고통 없이 얻을 수 없다(No pain, No gain). 한번 멋진 몸을 만들어보자.

★ ★ ★

군대에서
멘토 정하는 법

대부분의 사람은 어떤 분야든 그 분야에서 성공한 사람들의 스토리를 궁금해한다.

'그들은 어떻게 저렇게 성공했을까? 어떻게 저렇게 이룬 것이 많을까?'

그 스토리의 공통점을 찾아 그것을 따라 해서 자신 또한 잘되고 성공하고 싶은 마음이 커서일 것이다. 나도 그랬다. 군 생활을 정말 성공적으로 하고 싶었다. 멋있게 성장해서 달라진 모습으로 사회로 나가고 싶었다.

다행히 나에게는 21개월이란 기간 동안 끊임없이 좋은 자극을 준 고마운 멘토 분들이 있었다. 사회에서도 멘토를 찾듯이 군대 안에서도 멘토를 찾는 것이 굉장히 중요하다. 그들을 통해 보다 성공적인 군 생활을 할 수 있으니 말이다.

그렇다면 군 안에서는 어떻게 멘토를 정하면 좋을까? 내가 군대에서 멘토를 정한 방법은 연예인 유병재의 강연에서 얻은 영감을 바탕으로 했다.

보통 인생에서 멘토로 삼을 만한 인물들을 꼽으면 반기문 전 유엔사무총장이나 혜민 스님, 김연아, 유재석, 박지성 등 유명 인사들이 주를 이룬다. '인생은 저렇게 살아야 돼!', '늙어도 저렇게 늙고 싶다!' 하는 생각이 드는 사람들이 주로 멘토의 대상에 오르기 마련이다. 하지만 유병재는 이와는 반대로 멘토를 정하라고 이야기한다.

'저렇게는 되지 말아야지', '죽어도 저렇게는 늙지 말아야겠다', '인생, 저렇게는 살면 안 되겠다' 하는 생각이 드는 사람을 멘토로 삼을 것을 추천했다.

"늘 푸른 느티나무처럼 항상 보고 배울 X신 한두 명쯤은 멘토로 삼으셨으면 좋겠습니다."

그래서 나의 군 멘토는 두 부류였다. 첫째, '군 생활을 저렇게 해야지!' 하고 본보기가 되는 멘토. 둘째, '군 생활을 저렇게 하지는 말아야지!' 하고 본보기가 되지 않는 멘토 두 부류로 말이다.

그렇다고 해서 누구 한 명을 콕 찍어 부류마다 정한 것은 아니다. 군 생활을 하다 배울 점이 있는 선임을 보면 '나도 선임이 되면 저렇게 해야지' 하고 다짐했고, 후임들에게 미움을 사는 선임을 보면 '내가 선임이 되면 저렇게는 하지 말아야지' 하며 다짐했을 뿐이다.

'군 생활은 저렇게 해야지!' 멘토 선임

나의 군 생활에 좋은 본보기가 되어주신 선임은 운 좋게 쉽게 만날 수 있었다. 바로, 내 맞선임이다. 나에겐 두 명의 맞선임이 있었다. 조교로 교육을 함께 나가는 과목 맞선임 그리고 분대 맞선임 이렇게 총 두 명이었다. 과목 맞선임은 서울대 출신에 과대표까지 할 정도로 머리도 좋고 사람들과의 관계도 돈독했다. 분대 맞선임은 체육 선생님을 준비하던 분으로 부대에서 제일 몸 좋기로 유명한 분이었다. 둘 다 나와 동갑이긴 했지만 배울 점이 많아 친구라는 생각이 들지도 않았다.

대화를 나눌 수 있는 기회가 생기면 나는 두 분께 조언을 구했다. 과목 맞선임은 부대 내 모든 이가 "우리 부대에서 누가 제일 자기계발을 열심히 해?" 하면 "천의성 상병님이지" 하고 대답할 정도로, 자기계발의 신과 같은 존재였다. 과목 맞선임인 천 상병의 책상과 관물대에는 늘 두꺼운 전공 서적이 쌓여 있었다. 매주 시사 주간지와 영자 신문을 구독해서 읽었고, 매일 밤 9시부터 저녁 점호를 들기 전까지 도서관에서 해외 대학을 다니던 선임과 영어로 토론을 했다. 바쁜 조교 일과 가운데서도 시간을 쪼개가며 자신을 계발하는 모습에 나는 큰 인상을 받았다. 그래서 천 상병께 조언을 구했다.

"저도 군대에서 무언가 해보고 싶은데 무엇부터 해볼까요?"

천 상병은 내 이야기를 들으시고 자신이 매주 구독하던 시사 주간지를 추천했다.

"군대를 사회와의 단절이라고 하지만 사실 사회에 있을 때 신문을 보면서 정치, 경제, 문화, 예술 등에 귀를 기울인 적이 있었니? 오히려 군대에서 매주 세상 돌아가는 정보를 잘 정리해서 볼 수 있어. 시사 주간지를 구독해보는 건 어때?"

그 말은 들은 즉시 18만 원을 지불하고 1년 동안 매주 받아 볼 수 있는 시사 주간지를 신청했다. 사회에 있을 때는 놀 것도, 볼 것도, 맛볼 것도 많아 내 주변 세상밖에 몰랐다. 하지만 군대에서 더 넓고 큰 세상을 시사 주간지라는 프리즘을 통해 접할 수 있게 되었다. 그렇게 1년을 구독하자 세상을 보는 눈이 생기기 시작했다. 나에게 나무보다 숲을 볼 수 있는 계기를 준 큰 변화였다.

분대 맞선임은 부대에서 몸이 제일 좋고 축구도 잘해서 인기가 많았다. 축구가 끝나고 샤워를 할 때면 후임들이 "박영근 일병님, 몸 너무 좋으신 거 아닙니까?" 하고 부러움의 눈빛을 한껏 받는 분이었다. 나 또한 맞선임과 처음 샤워를 할 때 조각 같은 몸을 본 후 자극을 받아 운동을 하기 시작했다. '꼭 나도 전역하기 전까지 조각 같은 몸을 만들어야지!' 결심했다. 그 이후 꾸준한 운동으로 보디빌딩 대회도 나가고 멋진 보디 프로필 사진을 남길 수 있었다.

이렇게 나는 두 명의 멘토를 통해 '세상을 보는 눈'과 '멋진 몸'을 가질 수 있게 되었다.

'군 생활 저렇게 하진 말아야지!' 멘토 선임

한 명을 콕 집어서 군 생활 저렇게 하진 말아야지 하며 단정 지은 선임은 없었다. 그래도 몇몇 눈살이 찌푸려지는 모습이 눈에 띄면 '난 저렇게 하진 말아야지!' 하는 다짐을 하게 되었다.

그중 가장 크게 다짐한 것이 하나 있다. 바로, '말하는 방법'이다. 자신이 선임이라고 후임들을 깔보는 말투는 쓰지 말자. 군대는 신기하게 나이, 학력, 외모 상관없이 입대를 누가 빨리 했나, 군대에 누가 오래 있었나로 권력이 생긴다. 물론 군대에 오래 있으면 부대 생활에 노하우도 생기고 부대 내 사정을 다 알아 편하지만, 그렇다고 그것을 남용하면 문제가 생긴다.

"이것도 못해? 나 때는 말이야! 그렇게 하면 뺨 맞았어!" 하며 과거를 이야기하는 사람도 있다. 결국 그런 비아냥거리는 말투, 상대를 깔보는 듯한 말투, 자신이 신인 듯 모든 것을 아는 것처럼 가르치려는 말투는 후임들의 등을 돌리게 만든다. 그런 말투 때문에 나도 그렇고 많은 동기와 후임들이 상처를 받는 모습을 보았다. 나는 그들을 보며 저런 선임은 되지 말자고 스스로 다짐했다.

나는 선임이 되었을 때 말하는 것을 조심했다. 내가 말을 거칠게 하는 선임에게 일을 배웠다고 해서 나도 똑같이 되풀이할 필요는 없다. 나는 상대를 존중하는 말과 표현을 쓰려고 늘 노력했다. 그 결과 나중에 후임이 많아졌을 때, 그들은 나를 인정해주며 잘 따라주었고 서로 웃고 즐기는 사이가 되었다.

멘토를 이런 방식으로 정해 군 생활을 하며 변해가는 자기 자신을 발견할 수 있을 것이다. 배울 점은 배우고 그렇지 않은 것은 배척하며 많은 사람들에게 사랑을 받는 사람이 되기를 응원한다.

★ ★ ★

군대에서 유혹 쉽게
이기는 법

　　　　　　공부만 하려고 하면 잠이 오고, 책만
펴면 입담 좋은 친구 한 명이 무리를 모아놓고 어젯밤 있었던 재미
난 이야기를 시작한다.

　학창 시절을 지나온 사람들은 모두 공감할 것이다. 무언가 결
심하고 시작하려고 하면 갖은 유혹이 몰려오는 현실을. 사회와 동
떨어진 군대라고 해서 그런 유혹이 전혀 없는 것은 아니다. 군대
라는 특수한 환경에도 나름대로의 유혹이 있다. 공부를 하고 싶은
데 밤마다 오는 TV의 유혹, 돈을 모으고 싶은데 PX를 가자고 하는
동기의 유혹, 몸을 만들고 싶어 운동을 해야 하는데 매일 아침 눈
꺼풀을 붙드는 잠의 유혹 등 군대에서도 유혹은 끝이 없다.

군대라는 특수한 환경 때문에 목표가 제재되는 경우도 많다. 여덟 명이 같은 생활관에서 지내다 보니 내가 TV를 보기 싫다고 해서 TV를 끄라고 요구할 수도 없고, 내가 밤에 책을 읽고 싶다고 불을 켜둘 수도 없다. TV를 보고 싶은 동기들이 있으면 TV 소리를 들어야 하고, 잠을 자고 싶은 동기들이 있으면 불을 끄고 자야 하는 것이다.

무언가를 결심하고 해보려는 사람에게는 그 작은 것들이 큰 유혹이 되어 목표한 것을 꾸준히 하지 못하도록 만들고, 힘을 상실하게 하며, 의욕을 떨어뜨린다. 이때 '역시 군대에선 할 수 있는 게 없어. 전역하고 하자' 하는 생각이 들기 시작하면 큰일 난다. 지금 이야기하려는 이 '꿀팁' 하나만 기억하자. 언제든지 유혹을 이기고 자신이 목표한 일들을 거침없이 달성할 수 있게 될 것이다.

자기계발의 '신', 공부의 '신'을 만나다

나는 유혹에 엄청 약한 편이다. 누가 놀자고 하면 바로 놀러 나가고, 맛있는 거 먹으러 가자고 하면 하던 일도 제쳐두고 바로 나간다. 환경에 영향을 많이 받는 편이다. 주변이 우울하면 나도 우울하고, 주변이 기분이 좋으면 나도 하루 종일 기분이 좋다.

그렇다고 해서 내가 공부하고 싶을 때마다 공부하는 분위기를 만들거나 공부하는 사람을 쫓아다니며 환경을 바꾸기에는 한계가 있었다. 결국, 공부는 혼자 해야 하며, 혼자서도 환경에 영향받지 않고 목표를 이뤄가는 법을 배울 필요가 있었다. 그러던 중 군대에서 나는 공부의 신을 만났다.

그 주인공은 부대를 옮기게 되면서 만나게 된 생활관 동기였다. 그 동기는 주변의 영향을 전혀 받지 않았다. 본인이 지금 공부하는 시간으로 정했다면 정말 칼같이 움직였다. 그렇다고 쉬는 시간이 없는 것도 아니다. 그 동기는 4년제 대학교를 2학년까지 다니다 왔고, 학교 선생님의 꿈을 가지고 시험을 준비하고 있었다. 내가 두 개의 부대를 겪으며 본 사람들 중 최고로 자신이 목표한 일을 끝내주게 이뤄가는 친구였다.

그의 삶을 보면 감탄을 금할 수 없었다. 일과 시간 중 유일하게 잠시 쉴 수 있는 점심시간, 남들은 자거나 TV를 볼 때 그 친구는 컴퓨터실로 달려가 인터넷 강의를 매일 들었다. 나도 나름 군대에서 내가 준비하고 싶은 부분을 하나씩 채워나가고 있었지만 그 친구를 보면 나는 상대도 안 되었다. 5분이 아까워서 뛰어다니고, 밤 10시만 되면 도서관으로 사라졌다 12시에 돌아왔다. 그렇게 그는 시험을 쳐야 할 시험 범위를 총 세 번 반복했다. 인터넷 강의를 듣다 모르는 것이 있으면 게시판에 글을 남기는데, 100개의 질문 중 90개가 그 친구가 질문한 게시물이었다. 그렇게 글을 남기는 모습에 인터넷 강의를 하는 스타 강사가 그 친구를 직접 불러 일대일 상담도 해주었다.

그러던 중 동기는 꿈을 수정하게 되었다. 학교 선생님에서 교수로 꿈을 바꾼 것이다. 이때 동기는 자기 학교 교수님 아홉 분에게 연락해 짧은 휴가 기간 동안 모두 만나고 왔다. 그리고 한 교수님으로부터 전역 후 자신의 연구실로 들어오라는 제안도 받았다. 한 가지만 깊이 팠던 그 친구에게 늘 좋은 자극을 받았다.

그 친구와 반대로 나는 한 가지 목표를 꾸준히 하기 힘들어하는 사람 중 한 명이라 군대에서 겪는 유혹들 때문에 목표한 것을 꾸준히 하지 못하거나 포기할 때가 많았다. 그때마다 나는 그 친구에게 조언을 구했다. 그 친구의 조언은 내가 유혹을 다 이기고 끝까지 목표를 이룰 수 있게 해준 비법이 되었다.

사실 유혹은 이기는 것이 아니라 피하는 것이다

이 비법을 사용하기 전, 우리는 겸손해져야 한다. 그리고 인정해야 한다. '나는 나약하고, 게으르며, 쉽게 유혹에 빠지고, 주변 환경에 의해 나의 결정이 바뀔 때가 많다'는 사실을. 또 '유혹을 만나면 쉽게 벗어날 수 없는' 사람이라는 사실을.

자기계발의 신, 공부의 신의 경지에 오른 동기가 해준 조언은 이거였다. 그 동기는 유혹에 약한 자신을 인정하고 알기에 애초에 유혹에 맞서지 않는다고 했다.

예를 들어, 공부를 하고 싶고 마침 공부할 시간도 있다. 하지만 그때 정말 재미난 TV프로그램이 시작됐다. 그러면 우리는 보통 어떻게 하는가? 나는 '아…… 진짜 재밌겠다. 딱 10분, 아니 진짜 딱! 5분만 보고 공부하러 출발해야겠다' 하고 잠시 발걸음을 멈추고 시선을 TV로 돌린다. 그러면 어느새 손에 쥐고 있던 책과 펜은 온데간데없고 침대에 누워 웃으며 TV를 보고 있는 자신의 모습을 발견하게 된다. 그러고는 낙심한 채 '오늘 하루는 글렀어. 보던 TV나 계속 보자' 하다가 결국 하루가 끝난다.

하지만 나와 달리 그 동기는 이런 생각을 한다고 한다.

'난 유혹에 약해서 한번 보면 절대로 공부하러 못 갈 거야. 아예 보는 것을 시작도 하지 말자. 무슨 딱 5분이야. 그러다 몇 시간 지날 거 뻔해. 빨리 가자.'

그 동기는 이렇게 생각하고는 아예 시작도 하지 않고 눈을 질끈 감은 채 바로 책을 들고 문 밖을 나선다고 했다. 어찌 보면 무식한 방법이지만 가장 지혜로운 방법이 아닌가 싶다.

유혹에 맞서려고 하지 말자. 당신이 생각한 만큼 당신은 유혹에 강한 사람이 아니다. 사람은 모두 유혹에 약하다. 유혹은 이기는 것이 아니라 피하는 것이다. 피함으로써 아예 유혹과의 줄다리기를 피하는 것이다. 담배는 끊는 것이 아니라 아예 시작하지 않는 것이 금연을 위한 최고의 방법일 것이다.

사람의 마음이란 가벼워서 일단 시작하면 어느 정도는 해야 그만두게 되고, 아무것도 남지 않는 것에 시간을 많이 써버리면 허무

한 마음도 생긴다. 그렇다고 시간 뺏긴다는 이유로 너무 극단적으로 피하라는 뜻은 아니다. 때로는 동기들과 재미난 예능 프로그램을 보면서 웃기도 하고 피하라는 하지만 당신이 정말 하고 싶은 일이 생겼거나, 이것만은 꼭 군대에서 이루고 싶다는 목표가 생겼다면 이 팁을 여가 없이 사용하자. 유혹을 이기는 법은 결국 유혹 당할 일을 애초에 시작도 하지 않는 것이 군대에서 자기계발을 하고자 하는 사람에게 최고의 팁이 되어줄 것이다.

시간이 있어야, 하고자 하는 마음이 있어야 목표를 이룰 수 있다. 시간과 하고자 하는 마음을 빼앗는 유혹을 이기고 자신의 군생활에서 목표한 모든 것을 다 이루기를 바란다. 유혹, 쉽지 않을 것이다. 건투를 빈다.

★ ★ ★

나는 매일 밤 10시,
새로운 사람이 된다

신데렐라는 12시가 되면 집으로 돌아가야 한다. 다시 예전의 모습으로 돌아가기 때문이다. 나는 신데렐라는 아니지만 밤 10시가 되면 생활관에서 떠난다. 새로운 사람이 되기 위해서다. 군대에 가면 연등 시간이 있다. 평균적으로 밤 10시부터 11시 반까지 한 시간 반 정도의 시간이 이에 해당한다. 그 시간은 오롯이 자신에게 투자할 수 있는 시간이다. 컴퓨터를 사용해도 좋고, 도서관에서 책을 읽거나 자신이 하고 싶은 공부를 해도 좋다.

한 시간 반이란 시간을 꾸준히 쌓아나간다면 엄청난 일들을 해낼 수 있다. 매일 한 시간 반을 18개월 동안 계산하면 4만 8천 600

분이란 시간이 된다. 그 시간 동안 한 가지만 판다면 한 분야의 전문가가 될 수도 있는 시간이다. 나 또한 매일 밤 10시부터 그 시간을 나에게 투자했다. 그리고 나 이외에도 다방면으로 준비를 하는 사람들을 많이 보았다. 그중엔 군대에서 일본어 공부만 줄곧 해서 JLPT 시험 2급을 통과하는 사람, 작곡 작사를 하는 사람 등 여러 사람들이 있다. 당신도 매일 밤 10시 새로운 사람이 될 수 있다. 매일 한 시간 반이란 시간을 꾸준히 하면 놀라운 변화를 경험하게 될 것이다.

매일 밤 나는 세상의 트렌드를 공부한다

연등을 한다고 하고 사이버 지식 정보방, 일명 '싸지방'에 가보면 당직 사령 몰래 페이스북을 하는 사람을 많이 볼 수 있다. 이들은 걸릴까 봐 EBS 인터넷 강의를 아무거나 한 개를 틀어놓는다. 그리고 밑에 창을 하나 더 만들어서 그 창으로 자신이 못 본 웹툰이나 페이스북을 하며 친구들이나 여자친구와 연락을 하기도 한다. 당직 사령이 순찰을 와서 문을 여는 소리가 들리면 이들은 재빨리 EBS 인터넷 강의 창을 올린다.

나 또한 싸지방에서 유튜브를 많이 보았다. 유튜브를 봤다고 하면 공부 안 하고 딴짓거리를 했다고 여기는 사람도 있을 것이다. 하지만 내가 유튜브를 보는 목적은 달랐다. 나는 세상의 트렌드를 공부하기 위해서 유튜브를 보았다.

최근 초등학생을 대상으로 한 장래 희망 조사 결과 5위 안에 유투버가 들어갈 정도로 유튜브의 인기는 날로 높아지고 있다. 유튜브는 젊은 층에서 높은 인기를 누리고 있다. 내 주변에도 유투버를 시작한 사람이 두세 명이 있을 정도로 저변이 확대되고 있다.

유튜브의 장점은 실감 나는 영상으로 다양한 정보를 탐색할 수 있다는 점이다. TV 같은 경우는 자신이 보고 싶은 내용만 골라 볼 수 없다. 반면 유튜브는 본인이 보고 싶은 내용을 골라 볼 수 있고, 다시 보기도 언제든지 가능하다. 주요 IT 외신이 전한 수잔 보이치키(Susan Wojcicki) 유튜브 CEO의 발표에 따르면, 매달 유튜브 로그인 가입자 수는 18억 명에 이른다고 한다. 이 숫자는 로그인을 하지 않고 유튜브 영상을 보는 사람들을 제외한 숫자다.

이 수치가 말해주듯이, 지금은 영상 시대다. 이제는 페이스북도 지는 해가 되고 있다. 우리는 장소, 시간을 불문하고 스마트폰만 있으면 언제든지 자신이 보고 싶은 생생한 영상을 볼 수 있게되었다. 군대도 마찬가지다. 컴퓨터만 사용할 수 있다면 당신은 어디든 갈 수 있다. 바로 유튜브를 통해서. 하지만 유튜브에도 워낙 선정적이고 자극적인 것이 많기에 스스로 이를 제어할 줄 알고 선별할 수 있는 눈이 필요하다.

이런 위험 요소를 감안하더라도 유튜브는 장소의 제약 없이 새로운 것을 많이 접할 수 있는 통로가 되어준다. 정치, 경제, 문화,

종교, 예술 등 어떤 분야든 상관없다. 유튜브에서는 최신 트렌드와 정보를 쉽게 접할 수 있다. 쉽게 접할 수 있는 만큼 본인이 비판적인 사고를 가지고 정보를 그대로 받아들이기보다 자신이 판단하고 해석하는 능력도 길러야 할 것이다.

나는 군대에서 유튜브의 장점을 최대한 이용했다. 책을 쓰고 싶을 때도 '책 쓰는 법'을 유튜브에 쳐서 전문가들의 코치를 받았으며, 보디빌딩 대회에 나갈 때도 세계적인 선수들의 운동법을 유튜브로 배웠다. 얼마든지 배우고자 하는 마음만 있다면 유튜브를 통해서 배울 수 있다. 나는 유튜브로 태권도 단증까지 취득하는 선임도 보았다. 이젠 전문인들도 유튜브에 정확하고 신뢰성 있는 정보들을 올리기 때문에 어느 정도 퀄리티도 많이 높아지고 있다. 책을 통해 정보를 얻는 것도 좋지만 영상을 통해 보다 쉽고 빠르고 효과적으로 정보를 받아들이는 것도 적극 추천한다.

인터넷 강의를 추천한다

밤이 되면 책상에 앉아서 공부하는 것이 쉽지 않다. 바쁜 일과를 끝내고 다른 사람들은 피곤해서 일찍 잘 때 자신의 공부를 위해 도서관을 찾기란 쉽지 않다. 조교로 복무할 당시 나는 타로 자격증 취득을 위해 공부를 시작했다. 내가 선택한 방법은 바로 인터넷 강의를 듣는 것이었다. 인터넷 강의를 선택한 이유는 따로 있었다. 월요일부터 금요일까지 매일 빡빡한 교육 일정과 쉴 틈 없는 조교 임무로 일과가 끝나면 늘 녹초가 되었다. 게다가 선임들은 매일 저녁을 먹고 축구하러 가자고 해서 주저 없이 또 뛰쳐나가야만 했다. 하지만 한번 해보겠다는 마음을 먹었기에 꼭 해보고 싶었다.

공부를 시작한 첫날, 혼자 책상에 앉아 책을 펼쳤는데 펼치자마자 잠이 쏟아졌다. 2주일을 버텨봤다. 하지만 2주 동안 한 페이지도 넘기지 못했다. 모두 연등 도중에 생활관에 와서 뻗어버렸다. 나는 방법을 바꾸기로 했다.

'직접 내가 책을 가지고 공부하니 너무 힘들다. 누군가 나에게 정보를 직접 말해주고 나는 듣기만 했으면 좋겠다.'

그래서 인터넷 강의를 선택했다. 인터넷 강의를 틀어놓고 딴 것은 하지 않고 강사가 하는 말만 놓치지 말고 듣자고 마음먹었다. 듣기만 하는 것은 책만 가지고 직접 공부하는 것보다 부담이 덜 되었다. 하지만 잠이 쏟아졌다. 인터넷 강의를 틀어놓고 자다가 강의가 끝나면 일어났다.

그래도 중간에 잠든 강의는 다시 듣기를 반복해가며 끝까지 들었다. 결국 한달 반 만에 인터넷 수강을 완강하고 타로 카운슬러 자격증을 취득하게 되었다. 아마 혼자 책만 가지고 공부했다면 절대 하지 못했을 것이다.

"강의를 틀어놓고 정신만 차리고 계속 듣기만 하자."

이것이 내 인터넷 강의 공부법이다. 여러분도 하고 싶은 공부가 있다면 인터넷 강의를 적극 추천한다. 바쁜 군대 일과 시간과 힘든 군 생활로 공부하려는 마음이 쉽게 실천으로 연결되기는 어려울 것이다. 그래도 한번 도전해보자. 눈만 뜨고 있자. 최소한의 체력을 사용해보자. 버티는 작전으로 가자. 그렇게 듣기만 해도 큰 성과가 일어날 것이다. 그렇게 이뤄낸 성과의 기쁨은 이루 말할 수가 없을 것이다. 요즘 인터넷 강의는 매우 다양하다. 군대에서도 인터넷 강의를 통해 대학교 학점도 채울 수 있으니 꼭 본인이 배우고 싶은 분야의 인터넷 강의를 찾아서 학문의 길을 잘 닦기를 추천한다.

★ ★ ★
'열정' 있는 군인이 모이면
생기는 일

"최근 당신이 만난 다섯 명의 평균이 자기 자신이다."

내가 군대에 있으면서 만난 어느 회사 대표가 내게 해주신 말씀이다. 그 이야기를 듣고 주변을 돌아보니 결국 끼리끼리 지내는 모습이 보였다.

'끼리끼리 논다'는 말보다는 '결국 끼리끼리가 된다'는 말이 더 맞는 것 같다. 군대에서도 그렇다. 밥을 먹고 흡연을 하는 사람이면 밥을 먹고 흡연하는 사람끼리 자주 만나게 되고 그렇게 자연스럽게 친해진다. 저녁을 먹고 축구를 하는 사람이라면 저녁을 먹고 축구를 하는 사람들끼리 자주 보게 된다. 결국 자기 삶의 패턴에 맞게 사람들을 알게 되고 그렇게 끼리끼리 지내게 된다. 그렇다고 자기 삶의 패턴에 맞는 사람들과만 지내라는 법은 없다. 주변에 만나는 사람을 자신이 직접 정할 수도 있다.

나는 '열정'이 있는 사람을 내 주변에 두고 싶었다. 그래서 '열정'이 있는 사람들끼리 일주일에 한 번 하나의 목적을 두고 만나는 것은 어떨까 하는 생각을 했다. 부대 내에서 많은 사람을 알게 되면서 나이, 계급을 불문하고 정말 배울 점이 많은 사람이 많다는 것을 알게 되었다. 서로 분야는 다르지만 각자의 분야에서 홀로 자기계발을 열심히 하는 사람들이 모이면 어떤 일이 생길까 하는 마음에 나는 'Project. R'이라는 동아리를 부대 최초로 만들고 홍보했다. 그렇게 열다섯 명의 개성 있는 사람이 모이기 시작했다.

열다섯이 모여 시작하다

지금 이 책을 읽고 있는 당신이 현역 군인이라면 꼭 일주일에 한 번씩 '열정'이 있는 사람들끼리 소통하는 동아리를 만들 것을 추천한다. 혹시 당신에게 그 '열정'이 없다면 어떻게든 그런 사람들이 모여 있는 곳으로 자신을 집어넣어라. 없던 '열정'이 생길 것이다. 만약 당신이 몸을 만들고 싶다면 몸을 만드는 사람들과 가까워져라. 그리고 지금 당장 체력 단련실로 달려가라. 만약 당신이 책을 많이 읽고 싶다면 책을 많이 읽는 사람들과 가까워져라.

그리고 지금 당장 도서관으로 달려가라. 이것이 무언가 새로운 목표가 생겼을 때 가장 빨리 그 첫걸음을 떼는 방법이다.

나는 두 개의 부대를 복무하며 열정을 가지고 자기계발을 하는 사람을 한 분 한 분 찾아가 동아리 취지를 설명하며 가입을 권유했다.

"우리 서로 하고자 하는 분야는 다르지만 개인의 성장과 자기계발이라는 공통점이 있으니 일주일에 한 번씩 모여 서로 동기부여를 주는 것이 어때요?"

그렇게 모인 결과 1년 동안 남미에서 해외 봉사를 하다 온 친구, 아프리카에서 고등학교를 다니고 캐나다에서 대학을 다니다 현재 목수의 꿈을 가진 친구, 애견 미용을 하다 군대에 와서 경찰공무원의 꿈을 가진 동생, 군대에서 작사·작곡을 한 형, 뭐든지 열정적인 서울대 친구, 방학이 되면 친구들과 배를 타고 무인도를 가서 캠핑을 하는 동물학자가 꿈인 친구, 어플리케이션 개발이 꿈인 동생, 사업가의 꿈을 가진 동생, 화이트해커가 되려는 동생 등 정말 다양한 경험과 꿈을 가진 사람들이 모이게 되었다.

서로 분야가 달라도 각자의 위치에서 조금씩 군대에서 노력해가는 이야기를 나누며 많은 자극을 얻었다. 그렇게 서로의 꿈을 기억해주고 응원해주는 사이가 되다 보니 재미난 일도 있었다. 고등학교 때까지 애견 미용을 하다 온 후임 한 명이 최근에 경찰공무원이 되고 싶어 그 방법을 알아보고 있다고 했는데, 마침 옆자리에 앉아 있던 내 동기의 아버지가 경찰이셨다. 게다가 친구 아버지의 어머니 댁이 부대 근처여서 고향 가는 길에 서로 만날 수 있으면 한번 만나보는 게 어떻겠냐며 서로의 연락처를 교환했다.

또 배우를 꿈꾸는 동아리원에게 다른 동아리원 한 명이 자신의 친구 중 현직 배우를 소개시켜주는 일도 생겼다. 나 또한 중식의 대가인 이연복 셰프 밑에서 요리를 배운 백시우 셰프를 알고 있었는데, 요식업 꿈을 가진 말년 병장을 부산에 계신 그 셰프에게 소개해주기도 했다. 전역을 앞둔 말년 병장은 집이 충북인데도 휴가를 내어 부산까지 내려가 백 셰프를 만나고 왔다.

스물여덟 살 억대 연봉 자산관리사를 초빙하다

'Project. R' 동아리는 각자의 꿈을 위해 다양한 프로젝트를 진행했다. 자신의 꿈을 시각화하는 비전 보드 만들기, 자신의 꿈을 이미 이룬 사람이나 이뤄가고 있는 사람을 직접 SNS로 찾아 연락해서 만나보는 인물 버킷리스트, 매일 확언문 쓰기, SNS에 올해 자신의 꿈과 목표 올리기 등을 진행했다. 그 과정 중에 내 꿈을 SNS에 올린 것을 보고 누군가 좋아요와 나를 팔로워했다. 전혀 모르는 사람이었다. 호기심에 따라 들어가 보니 오렌지라이프 부지점장이신 분인데, 팔로워 수만 수천 명에 게시물마다 본인의 열정과 에너지가 느껴지는 분이셨다. 전역 전 이런 분께 사회 초년생인 20대 초

자산관리사 초빙

반 동아리원들에게 필요한 조언과 경제관을 심어줄 수 있는 이야기를 들으면 좋겠다는 생각이 순간 팍 하고 지나갔다.

나는 바로 연락을 취했다.

"안녕하세요. 저는 현재 육군부사관학교에서 복무 중인 병장 손유섭입니다. 저희 부대에는 사회로 나가기 전 각자의 꿈을 위해 열심히 준비 중인 동아리가 있습니다. 혹시 실례가 안 된다면 저희 부대에 님을 초대해서 함께 이야기를 나눌 수 있을까 싶어 간절한 마음에 연락을 드렸습니다. 간곡히 부탁드립니다."

연락을 보내고 얼마 후, 자신이 도움이 된다면 시간을 한번 내주시겠다는 긍정적인 응답이 왔다. 먼저 이런 상황을 대장님에게 보고 드렸다. 대장님은 그분을 초빙할 수 있게끔 장소를 마련하고 책임을 져주셨다. 결국, 한 달 반 만에 약속을 잡아 그분을 부대로 초청하게 되었다. 우연히 SNS에서 만난 기회가 예상 외로 큰 인연이 된 것이다.

그분은 서울에서 전라북도까지 내려와 자신의 인생 스토리와 지금 20대들에게 해주고 싶은 이야기를 들려주셨다. 대학 졸업 후 영업 시장에 바로 뛰어들어 수입차 딜러로 시작해 스물세 살에 전국 판매량 3위를 찍은 스토리를 시작으로 현재 스물여덟 살에 억대 연봉을 받게 되기까지 겪었던 일들과 그 자리에 올라가며 느꼈던 깨달음 그리고 지금 20대 초반에 필요한 경제관까지 아낌없이 퍼부어주셨다. 전혀 일면식도 없던 사람이 서울에서 전라북도까지 내려와 아무런 대가 없이 모임을 가져주셨다. 정말 감사했다.

만약 이런 동아리를 만들지 않았다면 이렇게 초빙하려는 생각도 못했을 것이다. 내가 개인적으로 연락을 드린 것은 맞지만 동아리 이름으로 공식적으로 섭외를 할 수 있었다. 하면 된다. 못할 게 없다. 정말 작은 인연이 이렇게 큰 인연이 되기도 한다. '열정'이 있는 사람 열다섯 명만 있어도 엄청난 아이디어와 기획이 이뤄질 것이다. 그리고 그것을 하나하나씩 이루면 된다. 꼭 한번 해보자. 재미난 경험을 얻을 수 있을 것이다.

TIP

🪖 손 병장의 군 생활 버킷리스트

- □ 책 출간하기
- □ 몸 만들어서 바디프로필 촬영하기
- □ 관심 분야 책 100권 독파하기
- □ 내가 이루고 싶은 꿈을 이미 이룬 사람 만나보기
- □ 컴퓨터 관련 자격증 취득하기
- □ 상담 관련 자격증 취득하기
- □ 각 지역마다 친한 선, 후임 1명씩 사귀기
- □ 기타로 노래 1곡 칠 수 있게 연습하기
- □ 매일 축구 연습하기
- □ 캘리그라피 배우기
- □ 특허 출헌하기
- □ 메모하는 습관 가지기
- □ 꿈을 위해 노력하는 동아리 만들기
- □ 영단어 3000개 외우기
- □ 부모님께 손 편지 써보기

나만의 군 생활 버킷리스트를 만들어보자.

CHAPTER 6

군대

전역 후

미래 준비

★ ★ ★

나는 군대에서 2000만 원 이상을 벌었다

ᐱᐱᐱ

책 한 권 출간하는 데 드는 비용 약 2000만 원, 프로 보디빌더에게 한 달 개인 PT 받는 데 드는 비용 약 300만원, 스타 강사 섭외하는 데 드는 비용 약 100만 원, 취업 컨설팅 상담 받는 데 시간당 10~30만 원, 일러스트 제작 장당 3만 원. 나는 이 모든 것을 군대에서 해냈다. 그것도 공짜로 말이다. 어떻게 그것이 가능했을까?

군대에서 돈 모으는 방법 중 적금만이 유일한 방법은 아니다. 또 다른 시야로 돈을 벌 수 있다. 이번엔 '군 적금 팁'과 나만의 돈 버는 'TOP 시크릿' 비법을 공개하려 한다.

내가 입대했을 당시 병장 월급은 20만 원이었다. 14만 원을 받던 나에게 그들은 부러움의 대상이었다. 그땐 적금을 하는 병사들을 찾기가 힘들었다. 부모님께 용돈을 받으며 지내는 병사가 대부분이었고, 적금을 한다는 사람을 발견하면 모두가 대단하게 쳐다봤다.

이제는 입대만 하면 30만 원부터 시작이다. 지금 입대해서 후임으로 오는 사람들을 보면 부럽기도 하다. 나 때는 14만원이었는데……

어쨌든 이렇게 변화된 월급으로 인해 기본 10만 원씩 적금을 하는 것은 기본이며, 전역을 하면 약 200만 원을 모으게 된다. 더 욕심을 내는 사람은 300만~400만 원까지도 가능해졌다.

군대 적금은 최고의 금리를 자랑한다. 주식과 같은 투자를 통해 돈을 불리는 경우도 많지만 가장 안전하게 금리를 받을 수 있는 곳이 아마 군대일 것이다. 최대 5.6퍼센트까지 가능하며, 은행마다 특급전사나 포상휴가증을 제시하면 0.1퍼센트 정도 금리를 더 올려주는 경우도 있다. 자세한 것은 은행마다 적금 방법을 찾아보면 보다 정확하게 알아볼 수 있을 것이다. 이제는 누구나 적금을 부담 없이 할 수 있기 때문에 적금을 어떻게 하면 좋을지 생각해볼 필요가 있다.

자신의 소비 스타일에 맞는 적금을 하자

내가 이야기하고 싶은 적금의 팁이 있다. 바로 '선택'이다. 세상엔 공짜가 없다. 얻는 것이 있으면 잃는 것이 있다.

적금을 많이 들게 되면 부대 내 PX 출입을 줄여야 하고 후임들에게 멋지게 한턱 쏘고 싶어도 망설이게 된다. 혹시 급하게 돈이 필요할 때도 적금을 깨기 싫어 동기에게 돈을 빌리는 상황까지 생길 수 있다. 그러므로 적금을 시작하기 전 본인의 소비 패턴을 먼저 파악해두는 것이 좋다.

사람들과의 관계를 중요시 생각하거나 한 번씩 거하게 쏘는 것을 좋아하고 휴가 때마다 기분을 풀기 위해 여행을 자주 가는 사람이라면 적금 불입 액수를 줄이는 것을 추천한다. 여기에 여자친구까지 있다면 돈 모으기는 글렀다. 하지만 반대로, 자신은 군것질하는 것도 안 좋아하고, 부대 내에 노래방에서 놀거나 다른 사람에게 쏘는 일을 부담스러워하며, 휴가 때도 주로 집에만 있는 '집돌이'라면 적금의 불입액을 높게 책정할 것을 추천한다.

군대를 통해 자신의 소비 스타일을 직접 체크하기 바란다. 직접 자산을 관리하며 경제관념을 키우는 것에 도움이 될 것이다. 남들과 비교하며 무리하게 적금을 들기보다는 자신에게 맞는, 자신의 소비 스타일에 맞는 적금에 도전하자.

모아둔 적금 0원, 그러나 2000만 원이 넘는 가치를 얻다

사실 나는 월급이 올랐음에도 과감히 월급을 모으지 않기로 결심했다. 적금을 하면 받는 5.6퍼센트의 이자보다 전역 후의 나를 위해 투자해서 얻는 것이 더 값질 것이라 생각했다. 돈 때문에 나를 성장시킬 자기계발의 기회를 놓치고 싶지 않았다.

첫째, 책은 꼭 사서 읽었다. 내가 직접 구입한 책만 30권, 책에 쏟아부은 돈만 45만 원이 넘는다. '빌려서 읽으면 되지 뭘 그렇게 사치를 부렸냐'고 생각하는 사람도 있을 수 있다. 하지만 내게는 '책 출간'이라는 목표가 있었고 그 정도 투자는 적은 금액이라고 생각했다. 한 권 한 권 읽으며 작가의 숨은 의도를 찾고, 감동받은 글에는 밑줄을 긋고, 그에 대한 좋은 의견이 생각나면 즉시 책에 메모를 했다. 어떻게 책 한권 이 나오는지를 알아내기 위한 투자였다. 그리고 감동을 주는 작가는 그 책을 직접 들고 찾아가 사인을 받기도 했다.

둘째, 배우고 싶은 것을 배우기 위해 투자했다. 55만 원. 병장 월급보다 많았던 수업 과정을 매주 휴가를 내 서울로 올라가 참여했다. 정말 배우고 싶은 것을 위해 심지어 적금을 깨서 100만 원짜리 강의도 들어봤다. 나는 이루고 싶은 꿈을 위해 과감히 미칠 각오가 되어 있었다. 배우고 싶은 것을 배우기 위해 빚까지 낼 정도였으니 말이다. 주위 사람들로부터 "사기를 당한 것이 아니냐",

"너무 무모한 것 아니냐"는 말을 듣기도 했다. 하지만 이루고 싶은 꿈을 위해 기꺼이 대가를 치르겠다는 그 각오는 수많은 분야의 전문가들과 인연을 맺게 해주었다.

서울에는 내가 배우고 싶거나 듣고 싶은 것을 충족할 수 있는 플랫폼이 굉장히 많았다. 책을 쓰고 싶으면 책을 어떻게 쓰면 되는지 알려주는 강연, 스피치를 잘하고 싶으면 어떻게 잘할 수 있는지 알려주는 수업, 영어를 잘하고 싶으면 함께 영어 공부를 할 수 있는 모임, 책을 같이 읽고 토론하는 독서 모임 등 다양한 분야의 플랫폼이 즐비했다. 군대에서 하고 싶은 일이 생긴다면 꼭 그곳에 가서 이용해보기를 권한다.

셋째, 해당 분야의 전문가들을 찾아갔다. SNS를 이용하면 전국에 수많은 사람이 어떻게 살아가고 있는지를 손쉽게 볼 수 있다. 나는 틈이 날 때면 사이버 지식 정보방으로 달려가 내가 이루고 싶은 꿈을 이미 이룬 사람들을 찾았다. 그리고 꼭 한번 만나 뵙고 싶다고 요청드렸다. 그렇게 나는 사업가, 작가, 보디빌더, 취업 컨설턴트, 대기업 임직원, 자산관리사, 유튜버, 상담사, 화가, 래퍼들을 만났다. 그분들이 수락만 해주면 만나는 데 드는 비용은 차비만 있으면 된다. 만나면 그분들이 밥은 다 사주셨다. 그렇게 나는 전문가들의 살아 있는 조언들을 차비만 가지고 얻을 수 있었다. 한번은 내가 전문가를 초빙해 군대 내에서 강연을 듣는 기획을 마련하기도 했다.

이렇게 세 가지 방법을 통해 나는 앞에서 이야기한 것들을 모두 공짜로 이루게 되었다.

돈을 모으는 것은 당연히 좋은 일이다. 적금을 들어 전역 후의 여행을 계획할 수도 있고 부모님께 드릴 선물을 살 수도 있다. 아니면 평소에 맛있는 것을 먹는 호사를 즐길 수도 있다. 하지만 자신에게 투자하는 것도 잊지 말자.

분명 얻는 것이 있다면 잃는 것도 있을 것이다. 나는 군대에서의 성장을 위해 모든 돈을 내게 투자했다. 그렇기 때문에 전역하고 사회로 나갈 때 내 수중에 있는 돈은 0원이었다. 반대로, 내 동기는 전역 후 연기 학원을 다니기 위해 적금을 들었다. 그 동기는 전역 후를 위해 또 자기에게 맞는 적금을 선택한 것이다. 내 방법이 맞는 사람도 있을 것이고, 내 동기의 방법이 맞는 사람이 있을 것이다. 꼭 자신에게 맞는 돈 관리를 했으면 좋겠다. 꼭 기억하자. 얻는 것이 있다면 잃는 것도 있다.

★ ★ ★

군 안에서
창업을 꿈꾸다

ᴬᴬᴬ

　　　　　　　　　　　바다생물 불가사리 추출물을 활용한
친환경 제설제를 개발·판매하는 기업이 있다. 바로 스타스테크라
는 기업이다. 기존 제설제는 물의 어는점을 낮추는 염화칼슘과 소
금을 원료로 사용한다. 하지만 염화칼슘이 물에 녹으면 염화이온
을 생성해 차량 금속 부식, 토양 오염을 일으킨다는 큰 단점이 있
다. 스타스테크는 불가사리 추출물이 염화이온을 흡착하는 것을
이용해 기존 제설제가 가진 단점을 없앴다. 게다가 '바다의 말썽
꾼'으로 불리는 불가사리를 대량 활용해 어민에게도 도움을 주었
다. 불가사리는 어패류를 닥치는 대로 먹어치워 연간 100억 원 대
의 어민 피해를 초래하는 존재이기 때문이다. 스타테크는 이런 불

가사리를 역으로 활용해 제설제 원료비를 절감했다. 스타스테크는 기술적인 성과를 인정받아 20018년 11월, 해양수산부가 주관한 수산 창업 콘테스트에서 사업화 부문 대상을 받기도 했다. 불가사리를 활용한 제품 연구 사례가 많지만 제품 양산 단계에 도달한 기업은 스타스테크가 최초라고 한다.

스타스테크는 바로 군대에서 만난 동기들과 국방부에서 주최한 '국방 스타트업 챌린지'에서 시작된 아이디어로 만들어진 기업이다. 국방 스타트업 챌린지 대회에서 우수팀으로 선정되었고, 정부 부처 통합 창업대회 '도전! K-스타트업 2017'에서 국방부장관상을 받았다. 대회 우승으로 끝난 것이 아니라 전역 후 투자까지 받게 되면서 아이디어를 현실화시키는 데 성공한 것이다.

창업을 꿈꾸는 사람이라면

나는 초등학교를 네 군데 다녔다. 사업을 하시는 아버지 밑에서 자란 덕분이다. 사업이라는 것이 굴곡이 심하다 보니 아버지와 함께 나의 어린 시절도 그 굴곡을 함께하며 자랐다. 하지만 피는 못 속인다고 그렇게 굴곡 있는 모습을 보면서도 나 또한 크면 사업을 해야겠다는 생각을 현재까지 가지고 있다. 특히 아버지가 하셨던 무역 사업에 관심이 많아 대학교 전공도 무역학과로 진학했다.

대학에 들어온 뒤에는 '뉴런'이라는 창업 동아리를 만들어 운영

했다. 창업 동아리를 운영하다가 우연히 변리사 한 분을 알게 되었다. 그분은 사람들이 아이디어를 내면 특허를 받을 수 있는지 없는지 검토하고 특허를 인정해주는 일을 하셨다. 어느덧 군대 갈 때가 되자 그분은 내게 "군대 가면 생각할 시간이 많으니 좋은 아이디어가 생기면 언제든지 연락해. 내가 아이디어 좋으면 확인해보고 특허 내줄 테니까" 하고 조언을 해주셨다.

나는 꼭 특허를 받겠다는 일념 하나로 입대 후 수첩과 펜을 늘 가슴팍 주머니에 넣어 다니며 영감이 올 때마다 메모를 했다. 그렇게 특허 아이디어를 위해 메모하던 것이 한 달, 두 달, 여섯 달, 1년이 지나 결국 수첩을 다섯 권까지 쓰게 되었다. 특허 관련 아이디어가 아니더라도 좋은 생각이 나면 늘 기록을 했다. 그러던 중 〈국방일보〉를 보다가 '1일 1아이디어 프로젝트'를 진행하는 육군 병사를 소개하는 기사를 보게 되었다. 그 병사는 군대에서 창업을 꿈꾸며 매일 1일 1사업 아이템을 생각해서 기록하는 프로젝트를 입대부터 전역할 때까지 했다고 했다.

'뛰는 놈 위에 나는 놈 있다'는 말이 맞았다. 나는 그분한테 명함도 못 내밀 정도니 말이다. 그래도 그분과 나의 공통점이 있다면 바로 '메모하는 습관'을 갖추게 되었다는 것이다. 무엇이든 꾸준하게 하면 그것이 쌓이고 쌓여 큰 변화가 일어난다. 운동도 꾸준히 하면 몸의 변화가 일어난다. 그중 꾸준히 하면 할수록 가장 큰 변화가 일어나는 것은 메모가 아닐까 싶다. 일단 메모를 하려면 생각이 흐리멍덩하면 안 되고, 늘 생각의 날이 서 있어야 한다. 그래야 일상생활을 통해 좋은 영감을 받을 수 있다. 생각이 떠오르면 그것을 메모하기 위해 다시 글로 표현해야 한다. 이때 다시 한 번 생각을 정리할 기회가 생긴다. 메모할 때는 정성을 들여야 한다. 한 자 한 자 예쁜 글씨로 적지는 않더라도 적어도 나중에 다시 봤을 때 알아볼 수 있을 정도는 되어야 한다.

이런 활동이 365일 일어난다면 생각의 속도와 깊이가 달라짐을 느낄 것이다. 실제로 21개월 동안 수첩과 펜을 가지고 다니며 매일 기록하는 습관을 가지려고 노력하다 보니 생각이 빨라지고 생각의 폭이 넓어짐을 느낀다. 창업에 관심 있고 사업에 관심 있다면 메모하는 습관을 들여라. 지금 당장 수첩과 펜을 사서 오른쪽 주머니에 집어넣어라. 나는 그렇게 21개월 동안 쌓아둔 기록들 중 특허를 받을 만한 아이디어가 있는지 변리사분과 미팅을 가져볼 생각이다. 이 아이디어 중 단 하나도 특허를 내지 못해도 좋다. 적어도 메모하는 습관 하나는 갖추게 되었으니 말이다.

국방 스타트업 챌린지에 도전장을 내밀다

국방부에서는 1년에 한 번씩 '국방 스타트업 챌린지'라는 이름으로 창업대회를 주최한다. 이 창업대회는 국방부에서 주최하고 (사)Spark가 주관하며 KT&G가 후원한다. 만약 이 대회에서 당신이 1등을 하게 된다면 대통령상까지 받을 수 있으며, 2018년 기준 상금 5억 원을 받게 된다. 대박이지 않은가. 1등이 아니더라도 등수마다 상금이 있으며 총 금액이 자그마치 17억 원이다. 게다가 대회에서 수상한 아이디어로 창업을 하게 될 때는 창업 인큐베이팅 지원까지 해준다.

나 또한 이 공고를 보자마자 즉시 지원하기로 마음먹었다. 그동안 다섯 개의 수첩에 메모 해둔 아이디어들 중 가장 좋은 것 하나만 골라 깊이 연구한 후 사업계획서만 제출하면 되었다. 그러던 중 내가 이번 대회를 준비한다는 소식을 들은 선임 두 명이 나를 찾아왔다.

"유섭아, 이번에 창업 대회 나간다고 들었는데 같이 해볼 생각 없어?"

선임들도 이번에 창업대회를 나가고 싶은데 전혀 경험이 없어 창업 동아리를 운영했던 나를 찾아온 것이다. 이미 나는 생각해둔 아이디어가 있었고, 선임들 또한 대회를 위한 아이디어를 갖고 있었다. 나름 나의 아이디어에 자신이 있었던 터라 선임의 아이디어가 있어도 그냥 내 것으로 밀어붙이려고 했다. 하지만 막상 아이디어를 들어보니 연구를 정말 많이 한 듯한 아이디어였다. '창업 관련 아이디어를 처음 냈는데 이런 아이디어를 생각하다니 같이 하기 잘했는걸?' 하며 속으로 감탄했다. 결국 나의 아이디어는 일단 내려두고 선임이 생각한 아이디어로 대회를 준비하기로 했다.

그러나 시작해보니 우여곡절이 많았다. 창업대회는 사업계획서를 보고 1차 심사를 받게 되어 있었는데, 다른 선임들이 그 부분에서 힘들어했다. 세 명 중 나만 사업계획서를 적어본 경험이 있었다. 사업계획서에는 아이템에 대한 전반적인 설명, 아이디어를 가지게 된 동기, 유사한 사업 아이템과의 차별적인 특징 및 장단점 기술, 시장 규모 및 현황, 제품개발 및 생산에 필요한 소요 비용 규모 등 꽤 디테일한 서술이 들어가야 했다. 그래서 각자 한 파트씩 맡아서 집중 조사를 해서 끝장내자는 생각으로 했다. 만약 떨어지더라도 이 사업계획서만 가지고 바로 창업할 수 있을 정도로 해버리자는 생각이었다.

그렇게 각자 맡은 파트를 끝내고 나서, 최종적으로 내가 검토를 하고 제출했다. 사실 조합하면서는 수정도 많이 하고 밤을 새면서 작성을 끝냈다. '휴, 드디어 끝났다. 이 정도면 난생처음으로 대통령상 받겠는데? 5억 원 지원받으면 전역 후에 바로 창업해야겠다!' 하는 기분 좋은 상상을 하며 사업계획서를 제출했다.

결과 발표 당일. 충격이었다. 예선 통과도 하지 못했다. 가장 먼저 내가 그 소식을 홈페이지에서 보고 선임들에게 알렸다. 열심히 준비했는데도 떨어졌다는 소식을 듣고 허탈하기도 했지만 군대에서 우리보다 더 좋은 아이디어를 가지고 얼마나 열심히들 준비했을까를 생각하니, 새삼 세상은 크고 넓다는 것을 느낄 수 있었다. 그래도 대회를 준비하면서 서로 다른 학교, 전공을 가진 선임들과 매일 밤마다 머리를 맞대고 고민하고 열띤 토론을 하며 노력했던 순간은 군대에서 가장 재밌었던 추억으로 남았다.

군대에서 창업이라는 같은 꿈을 가지고 함께 도전하면서, 다른 사람의 아이디어를 통해 내 상상력을 자극받았고 한 가지 주제를 각기 다른 관점으로 바라보면서 이해의 폭도 넓혔다. 국방 스타트업 챌린지는 내년에도, 내후년에도, 또 그 다음 해에도 아마 계속될 것이다. 창업에 관심이 있는 당신이라면 꼭 도전 해보길 바란다. 나는 예선 통과도 못했지만 당신은 내가 못 이룬 꿈을 꼭 이루었으면 좋겠다.

★ ★ ★

군대에서 유명 외국계 기업의
스카우트 제의를 받다

ΛΛΛ

                  남자들이 평균적으로 4년제 대학을 졸
업하고 취직하는 나이는 최소 26세에서 27세이고, 여자들이 평균
적으로 4년제 대학을 졸업하고 취직하는 나이는 최소 24세에서
25세다. 요즘은 취업난이 심하고 개인마다 상황이 달라 취직하는
연령대가 변하고 있지만, 어쨌든 남자는 여자들과 달리 군대에서
2년을 보내면서 평균적으로 대학교를 졸업하는 나이가 2년 정도
늦다.

    게다가 휴학까지 하게 되면 취업에 뛰어드는 나이가 더 많아지
므로 휴학도 마음대로 못하는 경우가 많다. 그렇다고 마음대로 군
대를 안 갈 수 있는 것도 아니다. 남자들에게는 군대가 부정적으

로 다가오는 경우가 대다수인데 가장 큰 이유가 바로 위와 같은 이유이지 않을까 싶다.

남들보다 2년 뒤처지는 느낌이 든다. 사회에 있는 사람들이 그 시간 동안 스펙도 쌓고, 토익 공부도 하고, 해외여행도 다니는 등 대외 활동을 열심히 하고 있다는 소식을 들을 때면 더 비참해지며 '난 군대에서 도대체 무엇을 하고 있으면 내가 왜 이곳에 있는지 모르겠다'는 생각만 하게 될 뿐이다.

이런 마음을 아는지 군대에서는 취업 상담이나 취업 역량을 높여주는 프로그램을 무료로 제공한다. 하지만 그것도 군인들의 마음을 충족해주진 못하고 있는 것 같다. 나는 그런 군대에서 스스로 직접 발로 뛰었다. 그런 과정 중 유명 기업에서 스카우트 제의를 받기도 했으며, 들어가고 싶은 회사의 대표를 직접 찾아갔고, 이를 계기로 그 회사 부서 대표 네 명 앞에서 나를 소개하는 프레젠테이션도 했다.

'나랑 일 해볼래요?'

"혹시 내 밑에서 일 해볼 생각 없어요?"

우연히 군대에서 '인물 버킷리스트'를 하다 억대 연봉을 받는 모 유명 기업의 부대표님을 알게 되었는데, 그분이 내게 해준 말씀이다. 서울에서 가장 큰 3대 빌딩 중 한 곳에 위치한 이 회사는 이

름만 들어도 아는 외국계 기업이다. 이분은 SNS를 통해 처음 알게
되었고, 이후 카페에서도 만나 이야기를 나누게 되었다. 처음 뵈
었지만 서로 이야기가 잘 통하고 성향도 비슷해서 우리는 금세 속
이야기까지 터놓는 사이가 되었다. 그리고 입대 전 내가 살았던
이야기와 군대에 와서 여러 가지를 도전하며 살아가는 나의 신념
도 이야기하게 되었다.

이야기가 끝나고 헤어질 때가 되자 그분은 마지막 휴가 나올
때 서울에 오면 밥을 한번 사주시겠다고 했다. 그렇게 군대 마지
막 휴가를 나간 첫날, 나는 약속대로 서울로 올라가게 되었다. 그
때 그분은 내게 혹시 자신 밑에서 일을 해볼 생각이 없는지를 물어
온 것이다. 아직 학교를 졸업한 것도 아니고, 무언가 잘한다고 내
세울 것도 없는 내게 스카우트 제의를 해주신 것이다.

그분은 본인도 나와 비슷한 환경에서 자랐고, 남들보다 빨리
사회 경험을 하게 되면서 지금의 위치까지 가게 되었다고 했다.
그리고 자신도 지인을 통해 그 회사에 입사하게 되었다고 했다.
그제야 기업 채용의 70퍼센트가 인맥이라는 말이 와닿았다. 그분
은 회사 안도 둘러보게 해주시고, 자신의 직속 상사를 소개시켜주
기도 했다. 직속 상관은 TV 출연도 자주 하시고 언론에 자주 나오
는 분이셨고, 대한민국 연봉 상위 5퍼센트 안에 드는 분이셨다.

그분과 인사를 나누고 짧게 이야기를 나누게 되었는데, 업계뿐
아니라 각 분야에 관련된 배경 지식이 얼마나 풍부하신지 나만 알

고 있는 관심사라 생각했던 분야의 이야기도 매우 구체적으로 알고 계셨다. 신기했다. '역시 상위 5퍼센트는 다르구나' 하고 새삼 느꼈다. 하지만 그 회사는 나의 개인 사정으로 인해 가지 못했다. 지금은 그분과 좋은 인연으로 지내고 있다.

나는 군대에 있을 때 이렇게 억대 연봉을 받는 유명 기업 부서 대표로부터 스카우트 제의를 받았다. 아마 군복이 주는 효과를 많이 본 게 아닐까 짐작한다. 군대에서 자신의 꿈을 이루기 위해, 현재 꿈을 이루고 있는 사람, 꿈을 막 이룬 사람을 휴가 때마다 직접 찾아가 대면해서 전하는 나의 이야기가 스카우트 제의를 받게 된 계기가 아니었나 싶다.

게다가 만나 뵐 때마다 군복을 입고 만났으니, 군인이 이렇게 꿈을 위해 노력한다는 것이 더 돋보였을 것이고 그것이 긍정적인 효과로 작용했을 것이다. 그리고 자신은 왜 군대에 있을 때 이렇게 못 해봤을까 하며 과거를 회상하며 나를 기특하게 보신 것도 한 몫했던 게 아닐까 싶다.

내가 들어가고 싶은 회사를 직접 찾아가다

인물 버킷리스트를 하다 알게 된 회사가 하나 또 있다. 이번은 위와 달리 스카우트 제의가 아닌, 내가 직접 이 회사에서 일을 하고 싶다고 찾아간 경우다. 사실 외국계 기업보다 이곳에서 일을 해보고 싶어서 처음의 스카우트 제의를 거절한 것도 있다. 하지만 이 회사에서는 내가 잘렸다.

이 회사도 서울에 있는 기업인데, 회사를 보고 지원한 것은 아니다. 그 회사를 운영하는 대표가 좋아서였다. 이분 또한 그 업계에서는 알아주는 분이시고, 처음 만나 뵈었을 때 워낙 바쁘셔서 10분도 채 이야기하지 못했다. 하지만 그 10분으로 나에게 큰 충격을 준 분이셨다. '와……, 이분한테 사회생활을 배우면 많이 배울 수 있을 것 같다' 하는 생각이 그 10분 새 든 것이다.

대표와 처음 만나는 자리, 회사 직원들과 나눠 드시라고 비타500 한 박스를 들고 찾아갔다. 이후 기회가 될 때마다 그 회사를 찾아갔고, 대표님과 이야기를 다시 나누게 될 기회가 생겼다. 그리고 "저, 이 회사에서 일을 하고 싶습니다"라고 말씀드렸다. "무보수여도 괜찮습니다"라고까지 이야기했다.

하지만 대표는 무보수 같은 건 안 된다고 하시며 나의 무대포가 마음에 드셨는지 입사할 수 있는 기회를 주시겠다고 했다. "내가 회사에 있는 부서 대표 네 명을 네 앞에 앉혀줄 테니까 네가 어떤 사람이고, 어떤 일을 잘하고, 왜 이 회사에서 일을 해야 하고, 이 회사는 왜 너를 뽑아야 하는지 프레젠테이션을 준비해서 와봐"라고 하셨다.

기회가 온 것이다. 나는 군대에서 열심히 프레젠테이션 준비를 했다. 난생처음 취직 준비를 한 것이다. 최종 면접까지 온 느낌이었다. 유튜브를 보며 면접 잘 보는 법, 1분 자기소개 팁들 등을 찾아보며 열심히 준비했다.

발표 당일 그 회사 건물 5층 화장실에 먼저 가서 "나는 할 수 있다. 나는 할 수 있다. 나는 할 수 있다"를 세 번을 외치고 면접장으로 들어갔다. 강의실에 준비한 PPT를 틀어두고 회사 부서 대표 네 명과 회사 대표님을 기다렸다. 떨려 죽을 것만 같았다. 너무 떠는 바람에 그렇게 자신 있던 PPT 발표를 아쉽게 마무리했다. 발표 내내 부서 대표님 네 분이 무표정으로 계셔서 ' 큰일 났다' 하고 낙심도 했다. 하지만 끝나고 질의응답 시간에 그분들은 여러 가지를 물어보시며, 그래도 내가 기특한지 웃음을 보여주셨다.

보름 뒤 결과를 듣게 되었다. 대답은 'NO'였다. 대표는 결과를 전하며 힘이 되는 말씀을 해주었다. "프로의 세계는 냉정하다. 열정만 있다고 들어갈 수 있는 것이 아니야. 실력을 키워야 한다. 실력을 더 키우고 또 들어오고 싶다면 그때 또 지원을 해라"라고 하셨다.

맞다. 그제야 '나는 너무 열정적인 마음 하나만 가지고 덤비려고 하는 사람이구나'를 느꼈다. 사람에게 신뢰를 주려면 인성 그리고 실력 이 두 가지가 갖춰져야 한다고 한다. 나는 인성의 부분에 들어가는 열정과 하고자 하는 마음의 점수는 많이 받았지만 실력이라는 부분에서 점수를 많이 받지 못했다.

이 일은 나에게 성장과 실력에 대해 일깨워주었다. 더 배워야 한다는 사실을 깨달았으며, 열심히 하는 사람이 아닌 잘하는 사람이 되어야겠다고 결심하게 되었다. 그리고 내가 언제 들어가고 싶은 회사의 대표와 부서 대표들 앞에서 나를 팔고 소개하는 PPT 발표를 해보겠는가? 그런 기회를 준 회사에 난 더 감사하며, 발표 준비를 하며 달라진 나의 모습에 더더욱 감사할 뿐이다.

★ ★ ★

일병 때 적은 글로 대학교의 초빙 강사가 되다

ⵘ

"손유섭 강사님 맞으신가요?"

어느 날, 싸지방을 가니 모르는 사람에게서 메시지가 와 있었다. 부대 근처에 있던 대학교에서 강사 섭외를 하기 위해 나에게 연락을 한 것이다. 깜짝 놀랐다. 아무도 보지 않을 것만 같았던 나의 블로그를 대학생 한 분이 보고 연락을 한 것이다. 군대에서 시작한 나의 블로그와 각종 SNS 게시글의 수와 내용이 형편없었다. 그저 입대 전 있었던 일들을 기록한 글일 뿐이었던 것이다.

입대 전에는 전혀 하지 않았던 SNS를 군대에서 하게 된 사연이 있다. 내 꿈은 강사다. 입대 후 우연히 신일식 저자의 《강사 CEO》를 읽게 되었고, SNS를 통한 퍼스널 브랜딩과 홍보의 필요성을 깨달았다. 그래서 그동안 하지 않았던 SNS를 시작하게 되었다.

처음엔 주변 지인들이 볼 수 있는 SNS에 무언가 글을 올리는 게 민망해 선임이 대신 올려주기도 했다. 그렇게 시작한 SNS는 입대 전 '1만 원으로 100만 원 만들기' 프로젝트가 성공하면서 강사의 경험을 하게 된 스토리를 적게 되었다. 스물한 살에 10대들에게 하고 싶은 이야기가 생겨 학교 세 군데를 직접 찾아가 10대들에게 메시지를 전할 수 있는 자리를 만들어달라고 무대포로 들이밀었던 경험도 이어서 올렸다. 당시 그 경험을 통해 간판의 중요성을 깨닫고 ㈔한국심리협회 최연소로 강사 자격증을 취득한 일을 기록했는데, 이 글이 연결 고리가 되어 강사 요청이 온 것이다.

스물한 살에 강사가 되기까지

'1만 원으로 100만 원 만드는 법'은 내가 스물한 살에 강사로 데뷔했을 때 고등학생들을 대상으로 했던 강연 제목이다. 실제로 나는 '1만 원으로 100만 원'을 만들었다. 그 이야기 덕분에 전국으로 생방송된 〈KBS 희망풍차〉 프로그램에 배우 신현준과 게스트로 초빙되어 인터뷰를 했다. 또한 《MY STORY IS OUR HISTORY》라는 책의 공동 저자가 되기도 했다. 언제든 내게 '1만 원으로 100만 원 만드는 법' 강연 의뢰 요청이 들어와도 자신 있게 응할 수 있다.

나는 당시 1만 원으로 100만 원을 만들며 '이것'만큼은 10대들이 알았으면 좋겠다고 느낀 것이 있었다. 그래서 집 근처 고등학교 세 군데를 직접 찾아가게 된 것이다. 두 군데에서는 명함을 달라고 하거나, 그런 것은 공문이 필요하다며 귀찮다는 듯이 거절했다. 다행히 내가 졸업했던 모교에서는 동아리를 대상으로 강연할 수 있는 기회를 주었고 그곳에서 첫 강사로 데뷔하게 되었다.

두 군데 학교에서 매몰차게 거절당한 후 나를 대변해줄 간판 없이는 내가 하고 싶은 이야기가 있어도 기회를 주지 않는다는 현실을 깨달았다. 그래서 (사)한국심리협회에서 강사 교육을 받은 끝에 스물한 살의 나이에 협회 최연소 강사로 이름을 올렸다.

그 이후 PSA 유소년 축구 아카데미 그리고 양정 청소년수련관에서 '꿈을 말하다' 단독 진행 강사로 입대 전날까지 활동하게 되었다. 그때 내 나이 스물두 살이었다. 나름 어린 나이에 세상에 부딪혀가며 강사가 되었던 스토리를 군대에 와서 블로그에 게시했다. 그 글에 감동을 받았는지 전혀 일면식도 없는 나에게 한 대학생이 연락을 한 것이다. 그 학생은 '젊고 스토리와 열정 그리고 강연 경험'이 있는 사람을 찾고 있다고 했다. 나는 흔쾌히 수락했고 휴가 일정을 조정하고 열심히 준비했다. 이전까지는 내가 기회를 잡기 위해 무대를 찾았다면 난생처음으로 강사로 초빙되어 제대로 대접받는 기회였다. 이것이 전역 한 달 전에 있었던 일이다.

만약 내가 군대에 오지 않았다면? 입대 전 내가 있었던 일을 하나하나 되돌아보며 글을 쓰고 SNS에 올리지 못했다면? 군대에서

대학 초빙 강연 모습

전역 전 뒤숭숭한 마음을 토닥이기 위해 적어본 글들이 어느새 새로운 기회를 가져다준 것이다. 학교 앞 카페 2층을 통째로 빌린 강연장이었고 성공적으로 마무리되었다. 반응도 좋아서 끝나고 나를 찾아온 학생들도 있었다. 나는 평생 그 순간을 절대 잊지 못할 것 같다.

가수 바다의 조언을 전해 듣다

사실, 이렇게 전혀 모르는 사람에게서 연락을 받은 적이 한 번

더 있었다. 이분은 나랑 동갑인 여성분인데 나와 같은 꿈을 가진 친구였다. 세상에 좋은 영향을 주는 사람이 되기 위해 강사, 작가, 아나운서, 강연 기획의 꿈을 가진 분이다. 내가 입대 전 공동 저서로 책을 쓴 이야기와 군대에 와서 책을 쓰고 있다는 이야기를 SNS에 올린 적이 있었는데, 우연히 그 게시글을 보고 내게 연락을 해왔다.

그분은 나더러 어떻게 꿈을 현재 이루어가고 있는지 신기하고 비결이 궁금해서 연락했다고 말했다. 자신은 그 꿈을 머릿속으로만 꾸고 있다며 기회가 되면 나랑 만나서 이야기를 나누고 싶다고 했다. 다행히 그 메시지를 받고 얼마 지나지 않아 서울에 올라갈 일이 있었는데, 마침 그분도 서울 분이어서 서로 만나 이야기를 나누기로 약속을 잡았다.

나도 이전에 인물 버킷리스트라는 나만의 프로젝트를 진행하며 내가 가진 꿈을 이미 이룬 사람이나 그 꿈을 이뤄가고 있는 사람을 SNS로 직접 찾아 연락을 하고 전국을 다녔던 적이 있었기에, 더욱 만나 드리고 싶은 마음이 컸다. 왠지 여자 손유섭을 보는 듯했고, 내가 먼저 연락을 취해 만났던 경우와 달리 나에게 만나고 싶다고 연락해온 반대 경우라 신기하기만 했다.

인물 버킷리스트를 하며 만났던 분들이 모두 내게 밥을 사주셨기에 나도 똑같이 식사를 대접하며 이야기를 나누게 되었다. 이야기를 나눠보니 정말 인생을 야무지게 사는 분이라는 느낌이 들었다. 게다가 연락이 왔을 때의 이야기와 달리 이미 본인도 그 꿈을 이뤄가고 있는 중이었다. 같은 성향에 같은 꿈을 가진 사람을 만난 것 같아 더 좋았다. 의미가 커졌다.

최근에 내가 감명 깊게 읽은 책을 추천해드리고, 내가 강사가 될 수 있었던 이유 그리고 내가 살아온 스토리를 들려드리며 내게 연락을 해준 것이 아깝지 않도록 최선을 다했다.

내 이야기가 끝난 후 그분도 내게 재미난 이야기를 해주셨다. 본인의 친척 중 한 분이 가수 '바다'인데, 며칠 전 추석 때 만나서 본인의 꿈에 대해 조언을 구했다고 했다. 조언을 구할 때 물었던 질문이 최근 내가 계속 고민하고 있었던 내용이라 순간 너무 궁금해서 고개를 더 내밀고 듣기 시작했다.

"세상에 좋은 영향을 주는 사람이 되고 싶어서 강사, 작가, 강연 기획의 꿈을 가지고 있는데 어떻게 하면 좋을까요?"

왠지 내 고민을 가수 바다에게 대신 질문해준 느낌이 들었다. 가수 바다는 이렇게 이야기해주었다고 했다.

"요즘 10대, 20대들은 SNS를 많이 하니까 네가 세상에 하고 싶은 이야기를 직접 영상으로 찍어 올려서 피드백을 받아보면 어떨까? 어떤 말을 올릴지 고민하면서 스스로 공부도 해보고, 네가 올린 영상의 피드백을 받으면 훨씬 많이 성장할 수 있을 것 같은데?"

나는 순간 바다가 내게 해주는 이야기 같아 메모를 해두었다. 전역해서 꼭 한번 그렇게 해보고 싶어졌다. 어쩐지 가수 바다가 나의 고민에 답을 해준 느낌이다.

국방부
200퍼센트 써먹기

군대 가기 전 나는 대학교에 재학하며 창업 동아리를 만들어 활동했고, 동아리 활동을 하며 꽤 많은 장학금을 받았다. 딱히 내가 크게 성과를 이뤄낸 것은 없었다. 그저 창업대회에 참가만 해도 장학금이 나왔고, 학교에 있던 교육 프로그램을 두 시간 듣기만 했는데도 장학금이 나왔다. 그 당시 우리 학교는 프라임 사업으로 꽤 큰돈을 지원받았고 그 돈으로 다양한 혜택을 학생들에게 주고 있었다. 너무나 쉽게 장학금을 받을 수 있었고, 그 액수도 꽤 짭짤했다. 동아리원 한 명은 그 장학금으로 최신형 노트북을 샀다.

그러던 중 같은 대학교에 다니던 친구 한 명이 자신은 2학년까지 비싼 등록금을 내며 학교에 다닐 동안 장학금을 한 번도 받아본 적이 없다고 했다. 그 말을 듣고 "나도 우리 과에 공부 잘하는 애들이 너무 많아서 성적 장학금을 한 번도 받아본 적 없어. 근데 나 창업 동아리 만들어서 뭐 할 때마다 장학금 받고 있는데 이거 엄청 짭짤해!" 하고 이야기했다. 그랬더니 그 친구는 학교에 그런 것이 있었냐며 자신에게 왜 진작 알려주지 않았냐며 서운해했다. 나도 그 정보를 우연히 알게 되었고 그렇게 1년 동안 장학금을 종종 받고 있었다. 하지만 그 친구는 몰라서 단 한 번도 장학금을 받지 못한 것이다.

하고 싶어도 몰라서 못했다면 얼마나 억울할까? 누구는 알아서 최신형 노트북을 사는데 누구는 몰라서 학비 몇 백을 내면서도 장학금 한 푼도 못 받고 지낸다. 알고 모르고는 큰 차이를 만든다. 불치병보다 더 무서운 병이 병명을 내릴 수 없는 병이라고 한다. 분명 병인데 어떤 병인지 어떤 치료를 해야 하는지를 몰라서 죽는다고 한다. 군대에서도 그런 일들이 많다. 몰라서 큰 기회를 놓친다. 알았으면 좋은 기회도 잡고 했을 텐데 하면서 말이다.

나 홀로 40만 원이 넘는 고퀄리티 교육 공짜로 듣기

내게 휴가는 '사회로 나갈 준비를 하는 시간'이었다. 휴가를 나가서는 군대라는 환경이 받쳐주지 못해 준비하지 못했던 것들을 하면서 전역 후의 미래를 준비했다. 전역 후 꼭 해보고 싶은 것이 있었는데 바로 '유튜버'였다. 이전에 가수 바다의 조언을 전해 듣기도 했고, 친한 형이 유튜버로 인생을 바꾼 케이스를 가까이에서 본 적도 있었다. 그리고 군대에 있으면서 세상에 하고픈 나의 이야기를 A4 용지 100페이지로 적어놓았을 만큼 내 생각을 기록하고 알리고 싶은 욕구도 강했다.

하지만 영상은 그냥 찍는다고 쳐도 편집이 가장 중요한데, 나는 컴맹에다 영상 편집 프로그램은 한 번도 써 본적이 없는 생 초보였다. 군대에 있는 동안 공부하고 싶어도 군대 컴퓨터에는 편집 프로그램을 아예 설치조차 하지 못했다. 게다가 제대로 밖에서 배우려면 긴 시간을 투자해야 할 뿐 아니라 한 학기 등록금이 필요했다. 군대라는 환경 때문에 제약이 생긴 것이다.

그래서 어쩔 수 없이 먼저 전역부터 하고 영상 편집을 배울 수 있는 새로운 길을 찾아보기로 했다. 그러던 중 우연히 〈국방일보〉를 보다 깜짝 놀랄 만한 정보를 알게 되었다. 그 정보는 바로 '청년장병 SOS 프로젝트'였다. 이는 청년장병 취업지원 프로젝트로서, 취업 역량 강화를 위해 국방부에서 지원하는 교육 프로그램이었다. 더 알아보니 국가에서 100퍼센트 지원을 해주며 모든 교육들이 40만 원이 넘는 2박 3일의 교육이었다. 드론 교육부터 영업전략, 인사노무 관리, 총무 관리, 품질검사 실무자 양성 등 다양한 교육이 중소 벤처기업부와 중소기업진흥공단이 연계되어 준비되어 있었다. 그중에는 '프리미어를 통한 영상 편집' 과정이 부산 경남 연수원에서 진행된다는 정보도 있었다.

나는 이 기사를 보자마자 '이거다!' 하고는 바로 신청을 했다. 휴가 기간을 길게 잡고 교육 일정 기간을 고려해 휴가 계획을 짰다. 우리 집도 부산이라 교육이 끝나면 집에 들를 생각이었다. 휴가를 받아 연수원에 도착한 교육 첫날 나는 모든 것에 깜짝 놀랐다. 가장 먼저는 시설이 정말 좋았다. 국방부에서는 지원만 해주고 교육은 외부 기관이다 보니 영상 편집을 가르쳐주시는 교수님 또한 저명한 분이셨다. 게다가 2박 3일 동안 자는 숙소가 2인실임에도 불구하고 각 방마다 한 명씩 배정해서 편하게 쉴 수 있었다. 거의 리조트 호텔급이었다.

식사는 삼시세끼 제공되었으며 심지어 매일 밤마다 야식도 시켜주어 치킨, 족발, 보쌈 등을 배 터지게 먹을 수 있었다. 최고의 시설에 최고의 대우를 받으며 고퀄리티 교육을 받을 수 있었다. 영상 편집뿐 아니라 120만 원의 고가 드론을 나눠주고 한 명씩 직접 조정하는 법을 배우고 드론으로 영상 찍는 법도 배웠다. 25,000원 상당의 교재도 받았고, 강의실 왼편에는 늘 간식이 가득 차 있었다. 입이 쉴 틈이 없었다. 정말 2박 3일 동안 영상 편집만 제대로 집중해서 배울 수 있게 환경을 만들어준 것이다.

물론 2박 3일은 영상 편집을 모두 마스터하기에는 짧은 시간이었다. 하지만 영상 편집을 배우고 싶었지만 막막해서 포기했던 나에게 이런 고퀄리티의 교육은 너무 감사했다. 교육이 끝나면 숙소에 가기 전 두 시간 동안 자신이 찍은 영상을 직접 편집하는 시간을 가질 수 있었다. 이 시간 동안만큼은 혼자 오롯이 영상 편집에 몰두할 수 있었다. 2박 3일의 교육 기간을 충실히 채우고 나니 교육이 끝났을 때는 프로그램의 기본 툴과 사용법을 대충 익힐 수 있었고, 어색하기만 하고 어렵게만 다가왔던 것이 이제는 친숙하게 다가오기 시작했다. 기본적인 것은 이제 할 수 있게 되었고, 전역 후 보다 쉽게 영상 편집을 독학할 수 있을 것 같은 자신감이 생겼다.

몰라서 못하는 경우는 만들지 말자

교육을 들으며 가장 안타까웠던 점이 하나 있었다. 바로 이런 교육 프로그램이 있다는 사실 자체를 많은 장병이 모르고 있다는 점이다. 나도 우연히 신문을 읽다 이 정보를 찾았고 관련 부서에 일일이 전화를 해서 관련 정보를 수집하고 신청했다. 병사들이 이런 정보를 알려면 본인이 발 벗고 나설 수밖에 없는 게 현실이다. 스스로 하고자 하는 마음을 가지고 길을 찾지 않는 한은 몰라서도 못하고, 알아도 귀찮아서 못한다.

나와 영상 편집 교육을 들었던 수강생들은 모두 전역을 앞둔 간부들이었다. 군 생활을 오래 하다가 전역을 결심하고 사회로 나갈 준비를 위해 들으러 온 것이다. 하지만 군 간부들은 이런 정보들을 병사들보다 쉽게 접할 수 있는 것이 사실이다. 나도 부대 담당 간부에게 직접 교육 신청을 해야 한다는 소식을 듣고 여러 부서를 거쳐 통화해서야 겨우 담당 간부와 연락이 닿을 수 있었다. 당시에도 담당 간부는 이런 교육이 있다는 것을 알고 계셨지만 우리 부대 병사 200명 가운데는 단 한 명도 이런 교육이 있다는 사실조차 알지 못했다. 알았어도 추가적인 정보를 얻지 못하니 신문을 보다가 넘겼을 확률이 높다. 나는 다행히 최근 영상 편집을 배우고 싶어 알아보다 포기했던 일이 있었기에 그 정보가 눈에 잘 들어왔을 뿐이다. 나는 친한 동기나 선임, 후임에게 이런 정보가 있다며 알려주었다. 하지만 자신의 휴가까지 내가며 교육을 받으러 가는 것을 다들 꺼렸다. 결국 우리 부대에서 나만 그 교육을 들었다. 당연하다. 나만 신청을 했으니까.

휴가 기간을 통해 머리도 식힐 겸 여행을 가는 것도, 친한 친구들을 만나 술을 진탕 마시는 것도 좋다. 자주 보지 못한 여자친구를 만나러 가는 것도 좋다. 하지만 정말 자신이 하고 싶은 일, 배우고 싶은 일을 군대에서 공짜로 배울 수 있는 기회가 있는데, 이를 놓치면 정말 아깝지 않을까? 그 기회를 본인도 모르게 계속 주고 있는데, 몰라서 못하면 얼마나 안타까운가? 나가면 배우고 싶어도 40만 원을 내야 배울 수 있는 교육이다. 꼭 몰라서 못하는 안타까운 일이 생기지 않았으면 좋겠고, 배우고 싶은 것이 있으면 끊임없이 알아보고 하고자 하는 마음을 놓치지 않았으면 좋겠다.

★ ★ ★

국방부에서 취재 인터뷰를 하러 오다

᠕᠕᠕

'이왕 군대 온 거 군 생활 진짜 잘해서 소문이 퍼지고 퍼져 국방부에서 나를 취재하러 오게 해보자.'

이것이 입대했을 당시 내 다짐이었다. 내겐 '멘토 쌤'이 있는데 그때 멘토 쌤께서 코치해주신 이야기 덕분에 나는 이런 다짐을 갖게 되었다. 멘토 쌤은 내게 "5분을 쓰더라도 표가 나게 쓰고, 무슨 일을 하게 되든 그 일이 끝난 후엔 그 일을 가지고 책을 한 권 쓸 수 있을 정도로 온 심을 다해 해버려라"라고 코치해주셨다. 군대를 피하고 싶어서 두 번이나 신체검사를 받았고, 1급을 받았다가 다시 2급을 받고 민망하게 입대했지만, 그 코치로 인해 나의 결심은 달라졌다.

"그래! 이왕 군대 가는 거, 21개월 버리고 오지 말고 진짜 최고가 되든지 최초가 돼서 전역하자. 국방부에서 군 생활 제일 잘하는 병사가 누구냐고 말이 나오면 손유섭이라는 이름 석 자가 나올 정도로 해버리자."

세 번에 걸쳐 언론에 보도된 '손유섭'이라는 이름 석 자

〈국방일보〉에 한 번, 《MAX-Q》 잡지에 한 번, 《HIM》 잡지에 한 번 총 세 번. 군대에서 나는 총 세 번에 걸쳐 언론에 보도되었다. 국내 최초 군인을 대상으로 한 WMM 보디빌딩 대회에서 3위를 했을 때의 사진과 기사, 군 생활을 하며 또래상담병으로 200명 상담, 부대 최초 3개월 조기진급, 자격증 아홉 개 취득, 특급전사, Projedt.R 동아리 창설 등 다양한 활동으로 국방부 《HIM》 잡지에서 인터뷰를 한 기사로 말이다.

나보다 군대를 늦게 간 친구가 어느 날 군대에서 전화를 걸어오기도 했다. 화장실에서 볼일을 보며 국방부 잡지를 보고 있는데 갑자기 내가 나와서 깜짝 놀랐다고 했다. 그렇게 연락 온 친구가 두 명이나 있었다. 육군, 공군, 해군 모두 보는 신문과 잡지에 실렸으니 뿌듯한 기분도 많이 들었다. 사회에 있었으면 솔직히 신문이나 언론에 보도되기가 쉽지 않다. 보기 좋은 성과를 내거나 큰 사건, 사고가 아니면 쉽지 않다. 하지만 군대에서는 본인이 쓰고 싶은 이야기를 써서 〈국방일보〉에 실어줄 것을 신청하기만 하면 신문에 게재될 수 있다. 〈국방일보〉에서는 매주 한 명씩 선정해서 일반 병사들의 글을 실어준다. 자신이 하고 싶은 이야기나 군대에서 느낀 것을 써서 신청하면, 얼마 후 당신이 적은 글을 전 국군 장병이 보는 기회를 얻을 수 있다. 무려 60만 명이 말이다. 〈국방일보〉 외에도 국방부에서 정기적으로 발행하는 잡지도 몇 개 더 있다. 가장 대표적인 것이 《HIM》 잡지이며 이를 통해서도 당신의 이야기를 전할 수 있다. 다시 말해, 군대에서는 자신이 마음만 있으면 당신의 이야기를 전국에 흩어져 있는 국군들에게 쉽게 전할 수 있다는 말이다. 꼭 전하고 싶은 자신의 이야기나 메시지가 없더라도 고마운 사람에게 전하는 메시지를 대신 올려주기도 하니 많은 사람이 이 지면을 이용했으면 좋겠다.

국방부 잡지에서 '나'를 취재하러 오다

내 첫 번째 군 생활의 목표는 군 생활을 정말 잘해서 국방부에서 나를 취재하러 오게 하는 것이었다. 하지만 그 일은 생각처럼 쉽지 않다. 왜냐하면 아무도 나에게 관심이 없기 때문이다. 그래서 나는 생각을 바꿨다. 내가 나를 알려야겠다고. 국방부 《HIM》 잡지에는 전 국군을 대상으로 모범장병을 추천받아 해당 병사를 인터뷰하고 취재하는 코너가 있다. 모범장병에 추천되면 기자와 사진 작가가 부대로 직접 찾아와 인터뷰를 하고 취재를 했다. 그리고 그 내용이 다음 호에 그대로 실린다. 모범장병으로 선정된 병사가 복무하는 부대에는 상품으로 300개의 면도기가 주어졌다. 금액으로 300만 원이 되는 면도기를 인터뷰 한 번으로 주는 것이다.

나는 군대에서 모범을 보이며 여러 가지로 눈에 띄어 《HIM》 잡지와 인터뷰를 하고 글도 싣고 싶었다. 입대하자마자 매달 《HIM》 잡지를 챙겨보며 모범장병으로 뽑힌 병사들을 살펴보았다. 그들로부터 자극도 많이 받고 '나도 언젠간 이 페이지에 실릴 것이다'라는 꿈을 가졌다. 나는 동기와 작전을 짜기 시작했다. 그 동기는 자주 내게 상담을 받고, 나와 대화를 나누며 서로 좋은 자극을 주고받는 친구였다. 나도 그 동기 덕택에 군 생활에 터닝 포인트를 얻기도 했다.

친구는 나의 이런 꿈을 듣더니 본인이 나의 이야기를 담아 추천하면 어떻겠냐고 제안했다. 그러고는 실제로 나로 인해 본인이 좋은 영향을 받은 사례와 내가 군 생활을 하며 100명이 넘는 사람을 상담하고 동아리를 만들어 많은 사람들에게 좋은 영향을 주고 있다며 나를 《HIM》 잡지에 추천했다. 달마다 추천을 받는 사람이 전 국군에서 몰리다 보니 메일을 보내고 몇 주일이 지나도 답변이 오지 않았다. 그래서 친구는 몇 번이나 이메일을 재차 보내고, 《HIM》 잡지사 번호를 알아내서 직접 전화를 걸기도 했다.

인터뷰 중인 손 병장

　　이런 노력 끝에 마침내 나는 인터뷰 대상자 리스트에 올라가게 되었고, 한 달 뒤인 2018년 10월에 인터뷰를 하기로 결정이 났다. 하지만 때마침 〈진짜 사나이〉 방송 촬영을 우리 부대에서 하는 바람에 인터뷰 약속은 취소되었다. 다음 달인 11월은 부대 일정과 잡지사의 일정이 맞지 않아 또 취소가 되었다. 결국 12월이 되었고, 나는 '전역 한 달을 앞두고 꿈을 이루지 못하겠구나' 하는 생각에 인터뷰에 대한 마음을 접고 휴가를 나갔다.

　　휴가 나가 있는 어느 날 아침, 소대장님으로부터 전화가 걸려 왔다.

"유섭아! 국방부《HIM》잡지에서 너를 인터뷰하러 온다고 하는데, 휴가 중이더라도 잠시 복귀해야 할 것 같다."

소대장님의 말씀에 나는 깜짝 놀랐다. 드디어 부대 일정과 《HIM》잡지의 일정이 맞아떨어진 것이다. 그날 나만 부대로 들어가면 되었다. "알겠습니다. 그날 부대로 잠시 복귀하겠습니다" 하고 말씀드렸다. 휴가 도중《HIM》잡지와의 인터뷰를 위해 부대에 복귀했다. 내가 상담을 하고 있는 사진도 찍고, 팔짱을 끼며 카메라를 쳐다보는 다소 오글거리는 사진도 찍었다. 사진을 먼저 찍은 후 인터뷰를 하게 되었는데, 그동안 군 생활을 하며 있었던 이야기들을 쭉 늘어놓을 수 있었다. 전역이 한 달 남짓 남은 시점에서 20개월 동안 군 생활을 하며 겪었던 이야기를 하다 보니 '와~ 나 그래도 군 생활 참 알차게 했네' 하는 뿌듯한 마음도 들었다.

인터뷰가 끝나고 기자는 "군대에서 많은 것을 하셨네요. 저는 군대를 안 갔지만 공감도 가고, 군인에게 좋은 영향을 받은 것 같아요" 하고 마지막 소감을 이야기해주셨다. 마침내 나는 군 생활의 첫 목표를 이루게 되었다. 두 번의 시행착오 끝에 세 번째로 인터뷰의 기회를 극적으로 얻게 되며 2019년 1월, 《HIM》잡지에는 나의 이야기가 나의 전역과 동시에 나오게 되었다.

무엇을 하게 되든 그곳에서 '표 나게' 해보자. 전역을 하고도 난 그렇게 살 것이다. 남들이 남자들의 무덤, 시간을 버리는 곳이라 불리는 곳에서 나는 기회를 만들었고, 많은 스토리를 만들었다. 그

242

모든 것이 군 생활 첫 시작의 그 다짐 덕분이었다. 그 다짐 덕분에 군대 이야기로 책 한 권을 쓸 수 있을 정도로 열심히 하게 되었다. 전역하면 무엇이든 다 잘할 수 있을 것만 같은 자신감이 생긴다. 해보자. 보여주자. 이 책을 읽고 있는 독자들도 《HIM》 잡지 인터뷰에 도전할 것을 권한다. 이를 통해 자신감을 얻고, 군 부대 선임과 후임 동기들에게 면도기 300개도 선물하며 전역해보자.

★ ★ ★

휴가 28일은
28번의 기회다

ⱤⱤⱤ

흔히 사람들은 "시간은 금이다"라는 말을 많이 한다. 그만큼 시간이 가치 있음을 표현하기 위한 말일 것이다. 하지만 실제로도 시간이 금이 될 수 있다. 금을 캐는 시간으로 시간을 쓴다면 시간은 금이 된다. 시간은 명예다. 시간을 명예를 얻는 시간으로 쓰면 시간은 명예가 된다. 시간은 권력이다. 그 시간을 권력을 얻는 시간으로 쓰면 시간은 권력이 된다.

시간은 무엇이든 될 수 있다. 시간을 가지고 우리는 어떤 것을 할지 정할 수 있기에 시간은 마치 가치를 매길 수 없는 백지수표와 같다. 결국 자신이 시간의 가치를 정하는 것이다. 그렇다면 군대에서 가장 중요한 휴가, 그 시간을 당신은 어떤 가치로 바꾸고 싶은가?

나는 전역하고 맘껏 놀겠다!!!

군 생활 동안 군대는 당신에게 스물여덟 번의 기회를 준다. 바로 사회로 잠시 나갈 수 있는 기회, 즉 휴가다. 나는 휴가를 다른 말로 '기회'라 부른다. 자신의 재량에 따라 그 기회는 많아질 수도 적어질 수도 있지만, 그 기회를 사용하는 가지의 수는 무수히 많다. 친구들과 여행을 떠난다거나, 군 생활을 기다려주는 여자친구를 만난다거나, 자주 보지 못한 가족을 만난다거나, 혼자 집에서 푹 쉰다거나 결국 자신이 하고 싶은 대로 휴가를 사용한다. 군대에서 하지 못했던 것을 군법에 어긋나지 않는 수준에서 무엇이든 할 수 있다.

물론 휴가는 결국 본인이 받고 본인이 쓰는 것이지만, 훗날 후회하지 않도록 이 기간을 지혜롭게 사용했으면 좋겠다. 누구는 휴가를 이용해 전역 후의 미래를 위해 쓰지만 또 누군가는 군대 안에서 받은 스트레스를 풀기 위해 휴가를 사용한다. 스트레스를 푸는 시간으로 휴가를 이용하는 것도 좋다. 그러나 농부가 봄에 부지런히 씨를 뿌려야 나중에 거둘 것이 많듯이, 휴가를 부지런히 씨 뿌리는 시간으로 보냈으면 좋으리라 생각한다. 그래야 전역 후에 풍성한 열매를 맺을 수 있을 테니 말이다.

흔히 군대에서 마음껏 놀지 못한다고 휴가 나갈 때마다 클럽도 가고 술도 진탕 마시는 선임, 후임, 동기를 많이 보았다. 여자친구가 있는 경우에는 나갈 때마다 여자친구를 만나는 데 휴가도 다 쓰고 돈도 다 쓴다. 나 또한 휴가를 이용해 친구들과 여행도 가고 실컷 놀기도 했다. 하지만 내가 그보다 가장 1순위로 두었던 것은 전역 후를 위해 씨를 뿌리는 작업이었다.

휴가 때 나는 전역 후 하고 싶은 일을 알아보고, 실제로 그 일을 하고 있는 사람들을 직접 연락해 만나보았다. 군대라는 환경 때문에 내가 배우고 싶은 분야를 배우지 못한다면 기꺼이 휴가를 써서라도 사회에서 배우고 왔다. 어차피 전역 직후에는 얼마 동안 놀 수밖에 없다. 그러니 군대에서 그다지 많은 스트레스를 받지 않는 편이라면, 휴가 동안 편히 쉬고 노는 것에만 집중하지 않아도 된다고 나는 나름 결론을 내렸다. 그렇게 결론을 내린 뒤로, 나는 일병 때부터 휴가의 대부분을 전역 후 미래를 위해 쓰기 시작했다. '나는 전역하고 맘껏 놀겠다!!!' 하는 마인드로 말이다.

휴가 10일로 2000만 원의 기회를 잡다

죽기 전에 자신의 이름으로 된 책 한 권을 내보는 것이 버킷리스트인 사람이 많다. 나도 그중 한사람이었고, 지금 당신이 들고 있는 이 책으로 인해 나의 버킷리스트에 있던 수많은 리스트 중 한 개가 사라졌다. 군대에 있으면서 일병 때부터 상병 때까지 책을 한번 써보자는 생각으로 책을 쓰기 시작했다. 하지만 나는 특별하다 할 만한 경험도, 내세울 만한 이력도, 인생 연륜도 없는 그저 평범한 스물두 살의 학생에 불과했다. 결국, 무대포로 시작은 했지만 끝을 내기엔 너무나 힘들었다.

그래도 책 한 권의 분량은 채워보기 위해 꾸역꾸역 적은 게 A4 40페이지 정도였다. 책 한 권 분량에 필요한 100페이지에는 턱없이 부족했다. 결국 '그렇게 꾸역꾸역 분량을 채워봤자 출판을 해도 누가 읽어주기나 할까' 하며 마음을 접게 되었다. 그래도 아쉬운 마음에 잘 쓸 수 있는 방법을 알아보다 한 출판사에서 한 달에 한 번 책 쓰기에 대한 특강을 한다는 소식을 듣게 되었다. 나는 마지막 지푸라기라도 잡는 심정으로 1박 2일을 휴가 내고 그 강연을 듣기 위해 곧장 서울로 올라갔다.

강연장에 도착하니 군복을 입은 사람은 나 혼자여서 눈에 많이 띄었다. 강연을 시작한 출판사 대표는 군복을 입은 나를 보시고 호기심이 들었는지 내가 어디서 왔는지, 책은 쓰고 있는지, 꿈은 무엇인지 등을 물어보셨다. 난 쑥스럽게 대답을 했다. 강연은 매우 좋았다. 그 여운이 가시지 않아 대표를 직접 찾아가 일대일로 대화를 나누고 싶다고 말씀드렸다. 대표는 잠시 고민하시더니 다음 날 오전 11시에 잠깐 시간이 될 것 같다고 하셨다.

다음 날 다시 대표를 만나 뵙게 되었다. 그 짧은 만남에서 약간의 가이드라인을 주셨고, 원고를 써오면 한번 봐주시겠다고 했다. 그 이후 6개월 동안 나는 가이드라인에 맞춰 열심히 글을 썼다. 원고가 어느 정도 마무리되어갈 때쯤 출판사에서 한 통의 단체 메일이 왔다. 전국에서 책을 쓰고 싶어 하는 예비 저자들을 모아 5주 동안 책 쓰기 교육을 해주고, 그렇게 참가한 수강생들 중 한 명을 뽑아 출판사에서 100퍼센트 출간 지원을 해준다는 소식이었다.

책 한 권을 출간하는 데는 약 2000만 원이 든다. 히지만 5주간 교육비는 병장 한 달 월급보다 많았다. 그래도 꼭 한번 도전해보고 싶은 마음에 적금을 깨서 신청했다. 받아두었던 포상휴가를 허락받아 매주 토, 일 1박 2일로 다섯 차례 강연을 듣기 위한 외출을 시작했다.

5주가 지난 뒤, 나의 간절함 덕분인지 쟁쟁한 참가자들 사이에서 나는 1등을 차지했다. 그리고 이전까지 적어둔 원고를 갈아엎고 새로운 콘셉트로 이 책을 쓰게 되었다. 한 달에 한 번씩 서울로 올라가 출판사 대표님께 일대일 원고 코칭을 받았다. 5주 동안 쓴 휴가 10일은 내게 2000만원의 기회를 얻게 한 것이다. 매주 군복을 입고 프로그램에 참여하며 전라북도에서 서울까지 오가며 보냈던 그 휴가가 내 인생 최고의 전환점이 되었다. 나는 이 책으로 군부대 강연을 다닐 것이고, 10대와 20대들에게 좋은 영향을 주는 강사가 될 것이다.

나는 휴가로 인해 인생 역전을 맛보았다. 당신도 혹시 전역 후 해보고 싶은 일들이 있는가? 주저 하지 말고 지금 당장 도전해보자. 어떤 인생 역전의 기회가 숨겨져 있을지 모른다. 군대라는 환경에서 간절히 노력하고 애쓴다면 누군가는 당신을 인정해주고 당신을 높게 평가하게 만들 것이다. 잊지 말자. 군대에서의 간절함은 하늘을 감동시키고, 땅을 감동시킨다.

인물 버킷리스트는
무조건 하라

출판사 대표, 스타 강사, 유아교육학과 교수, 대기업 임직원 출신 사업가, 세계 비즈니스스쿨 한국대표, 교육회사 CMO, 정부에서 1억 원을 지원받아 사업을 하는 청년 사업가, 자신의 이름으로 전시회를 여는 화가, 군부대에 250회 이상 다닌 강사, 자산관리사, 취업 컨설턴트, 유튜버……. 모두 내가 군대에 입대하고 인연을 맺게 된 사람들이다. 어떻게 이런 사람들을 아무것도 내세울 것 없던 스물두 살, 스물세 살 나이에 만날 수 있었을까?

버킷리스트란 죽기 전에 꼭 해보고 싶은 일을 적은 목록을 가리키는 말이다. 나는 전역 전까지 꼭 이루고 싶은 '군 버킷리스트'

를 작성한 적이 있다. 이때 '인물 버킷리스트'도 함께 작성했다.

'인물 버킷리스트'란 살면서 꼭 한번 만나보고 싶은 사람을 적는 것이다. 연예인 권혁수는 어릴 적 '인물 버킷리스트'를 작성해 그 꿈을 현재 이루고 있다고 말했다. 신동엽과 같이 연기를 해보는 것, 자신이 존경했던 김경호와 노래를 부르는 것 등을 모두 이루었다고도 했다.

나도 군대 안에 있지만, 군대에서 그동안 만나고 싶었거나 군대에서 책을 읽다 만나고 싶은 사람이 생길 때면 꼭 '인물 버킷리스트'에 적었다. 그리고 직접 메일을 보내거나 SNS를 이용하거나 어떤 수단과 방법을 가리지 않고 연락을 취해 그들을 만났다.

내가 이루고 싶은 꿈을 현재 이뤄가고 있는 사람 그리고 이미 그 꿈을 이룬 사람이 나의 '인물 버킷리스트' 1순위들이었다.

나의 첫 인물 버킷리스트: 이동헌 대표

나는 전역과 동시에 강사가 되는 것이 목표다. 군대 이야기로 책을 내서 군부대 강연을 다닐 것이다. 오기 싫었던 군대에서 나는 수많은 도전과 경험을 하며 군대를 통해 많은 것을 얻게 되었다. 나처럼 군대 입대 전에 군대에 대해 안 좋은 인식을 가진 사람들에게 이왕 온 거 군대에서 해볼 수 있는 것들을 같이 해보자며, 뜨거운 동기부여를 주고 싶다.

정말 신기한 것은 이미 이런 나의 꿈을 이룬 사람이 있었다는 것이다. 현재 사교육 사업을 하고 있는 이동헌 대표는 전역 후 6개월 만에 《필승, 최고의 대학 명받았습니다》라는 책을 집필하고 출간했다. 이후 국방TV, 〈국방일보〉에도 실리며 1년 반 동안 250회가 넘는 군부대 강연을 다니셨다. 군대에서 칼럼리스트로 활동하시고, 'MY OWN STORY'라는 온라인 커뮤니티를 만들어 4,000명이 넘는 회원 수를 모집하고 휴가 때마다 오프라인 모임을 기획하며 강연도 하셨다. 그 외에도 군대에서 많은 도전을 하신 이야기가 담긴 책들은 모두 사서 읽었다. 나와 너무나 비슷한 열정을 가지신 분 같아서 손에 책을 집자마자 그 자리에서 모두 읽어버렸다.

나는 이분을 꼭 만나고 싶었다. 나와 비슷한 열정을 가지셨고, 내가 하고 싶은 꿈을 이미 이루신 분이라 만나고 싶은 마음이 유독 컸다. SNS를 뒤지고 뒤져 연락처를 알아내 곧바로 연락을 드렸다. 어떻게 군대에서 그런 도전들을 할 수 있었고, 책을 써서 군부대 강연을 250회나 다닐 수 있었는지 궁금하다고 여쭈었다. 다행히 대표님으로부터 답장이 왔고, 대구로 오면 만나주시겠다고 하셨다.

한 달 뒤 약속을 잡고 휴가를 나가자마자 대구로 내려갔다. 대표님은 직접 차로 마중을 나와주셨고, 밥을 안 먹은 내게 맛있는 보쌈을 사주셨다. 그리고 내게 이런 말씀을 해주셨다.

"제가 지금껏 군부대를 1년 반 동안 250회 이상 다녔는데 단 한 명도 저를 직접 만나보고 싶다고 찾아온 병사는 없었어요. 정말 멋있어요."

우리 부대에는 강연을 간 적도 없는데 책만 읽고 이렇게 찾아온 열정을 좋게 크게 보셨다. 식사를 마치고 근처 카페에 가서 이런저런 이야기를 나누었다. 내 이름으로 된 책이 나오면 다시 찾아뵙기로 약속했다. 그 만남에서 어떻게 군대 이야기로 책을 쓰게 되었는지, 어떻게 군부대 강연을 250회 다니게 되었는지 등 책에 나오지 않은 비하인드 스토리를 들을 수 있었다.

책으로 알게 된 정보보다 직접 눈과 눈을 보며 얻게 된 정보는 나에게 큰 힘이 되었다. 난생처음 보는 사람과 두 시간 반이 넘게 이야기를 나누었고, 이를 계기로 '인물 버킷리스트' 프로젝트에 자신감을 얻게 되었다. 자신이 이루고 싶은 꿈이 있다면 꼭 그 꿈을 이뤄가고 있는 사람, 이미 이룬 사람을 찾아가 만나보자. 최고의 조언을 얻게 될 것이다.

군인이라서 더 가능하다

군대에서 인연을 맺은 이들은 내게 각별한 사람들이다. 살면서 만나볼 수 없을 것만 같았던 사람들을 거의 다 만나볼 수 있었기 때문이다. 이것이 가능했던 이유는 내가 군인이었기 때문이다.

나는 그분들을 만나러 갈 때마다 일부러 군복을 입고 갔고, 그 군복은 나에 대한 신뢰도를 높여주었다. '군복'이라는 제복은 신뢰성을 주고 간절함을 어필할 수 있는 좋은 소재가 된다. 만약 내가 사회에 있을 때 만나보고 싶다는 말을 전했다면 그분들은 그저 나를 자신의 흔한 팬 중 한 명으로 인식하고 별도의 시간을 내주지는 않았을 것이다.

나라를 지키기 위해 군에 복무하는 병사가 군대에서 자신의 책을 읽고 혹은 자신을 우연히 알게 되어 귀한 휴가를 내서 한번 만나자고 청하는데, 누가 그 마음을 쉽게 거절할 수 있을까?

자신이 꿈꾸던 분야에서 성공을 이룬 사람이 있다면 '인물 버킷리스트'에 적고 지금 즉시 휴가를 내서 찾아가라. 막 입대를 한 후임들과 이야기를 나눌 때면 나는 그들에게 꼭 인물 버킷리스트를 진행해서 성공해보라고 권한다. 후임 중 한 명은《한국의 젊은 부자들》이라는 책을 읽고 한 사업가에게 연락을 취해 메일을 주고받고 용기를 얻게 얻었고, 동기 중에는 교사가 되기 위해 자신이 듣고 있던 인터넷 스타 강사에게 연락해 휴가 때 직접 오프라인 상담을 받기도 했다.

모르는 사람에게 연락을 해 만나러 가는 게 어렵다면 나를 인물 버킷리스트에 올리고 연락을 주어도 좋다. 군대를 사회와의 단절이라고 생각하지 말자. 군인이라는 신분을 이용해 얼마든지 다양한 사람들과 인연을 맺을 수 있음을 기억하자.

손유섭 / thsdbtjq96@naver.com (사진:WMH 보디빌딩 대회 프로필)

군대에서 나는 〈국방일보〉, 《MAX-Q》 잡지, 국방부 《HIM》 잡지 등 세 번이나 언론에 실린 적 있다. 국가공인자격증 일곱 개와 상담자격증 두 개를 딴 곳도 바로 군대에서다. WMM 보디빌딩 대회 3위 수상과 보디 프로필 촬영, 책 150권 독파, 3개월의 조기진급, 특급전사, 또래상담병 상담 등 군 생활을 하면서 여러 방면으로 나 자신의 특기를 계발했다.

꼭 당신이 이루고 싶은 꿈을 이룬 사람을 만나 그들의 살아 있는 조언들을 얻어보기 바란다. 그 경험은 당신에게 자신감을 심어줄 것이다. 자신의 꿈을 이루기 위해 그 꿈을 이룬 사람을 그 어떤 수단과 방법을 가리지 않고 만나러 가는 것. 그것이 곧바로 당신의 인생 스펙이자 스토리가 되어줄 것이다.

(TIP)

손 병장의 군 생활 인물 버킷리스트

□ 라온북 출판사 조영석 대표
□ IE 비즈니스스쿨 한국대표 성유진 강사
□ 경영 멘토 주상용 이사
□ 머슬매니아 책임 프로듀서 김한림 피디
□ 한국인 최초 스포츠모델 세계챔피언 양호석 선수
□ TIMO 유아교육회사 김희정 CMO
□ 중부대 유아교육과 김병래 교수
□ 미술교육 전문가 우안나 작가
□ PSA 축구 유튜버 박성환 코치
□ 한국미래교육연구소 황준식 소장
□ 보이스코치·마인드메이커 정충호 강사
□ 청소년 상담사 김남석 상담사
□ 부경일보 김민성 기자
□ 서쪽 숲 정한솔 건축디자이너
□ 《필승! 최고의 대학 명받았습니다》 저자 이동헌 대표님

나만의 군 생활 인물 버킷리스트를 만들어보자.

북큐레이션 • 원하는 직장에서 꿈꾸고, 가슴 뛰는 삶을 살고픈 젊은이가 읽어야 할 책

나에게 적합한 회사를 찾고 있는 당신에게 날개를 달아줄 취업 스킬, 현실에 좌절하지 않고
매일 꿈을 향해 도전하는 이들의 이야기를 통해 인생의 변화를 경험하세요.

자소서의 정석

우민기 지음 | 18,800원

**자소서의 정석 서류 합격률 93%,
최종 합격률 87.5% 자기소개서의 신화!**

원스펙 아카데미 스타강사 우민기 쌤의 자기소개서 작성 노하우를 담았다.
국내에서는 유일하게 강사 자신의 서류통과 17승 기적을 일궈낸 합격 자기소
개서를 공개했다. 더불어 지난 4년간 3,500명의 취준생을 가르치며 익힌 합
격으로 이끄는 자기소개서 작성의 기본원리와 성장 과정 작성법, 성격의 장
단점 작성법, 학창시절 활동사항 작성법, 지원 동기 및 입사 후 포부 작성법
등 각 항목별 Good point와 합격자 자신이 분석한 합격요인, 더불어 우민
기쌤의 공략 포인트까지 실제적이고 구체적인 노하우를 소개했다.

취업면접의 정석

김정우 지음 | 18,800원

**면접에 나오는 모든 질문 총망라!
10문항, 300개 답만 알면 취업 OK!**

100전 100승 합격자들만 아는 1분 스피치 노하우 대공개. 면접은 생각보다
체계적이고 과학적으로 진행되지 않는다. 실제 면접 현장에서는 구직자의 이
미지가 합격 여부를 좌우하는 경우가 많다. 구직자의 이미지를 형성하는 데
에 가장 큰 역할을 하는 것이 바로 1분 스피치이다. 그래서 우리는 1분 스피
치에 목숨을 걸어야 한다.

저자는 면접 준비가 전혀 되지 않은 상황에서도 초반 1분 스피치만 제대로 하
면 합격의 문턱에 가까이 갈 수 있다고 말한다. 이 책에서는 1분 스피치를 가
장 효과적으로 할 수 있는 방법을 오프닝 멘트, 역량 소개, 클로징 멘트 세 단
계로 나누어 살펴본다. 그리고 각 부분을 가장 완벽히 대비할 수 있는 예제
50여 개를 통해 1분 스피치를 완벽히 준비할 수 있도록 도와준다.

스펙,
토익 없이도
취업할 수 있는
전략

불황의 시대, 일본 기업에 취업하라
정희선 지음 | 13,800원

도전하는 곳을 바꾸면 취업의 문이 열린다
고용절벽의 시대, 일자리가 넘치는 일본으로 떠나라

일본 기업은 한국 기업과 달리 스펙, 자격증이나 인턴 경험 없이도 취업할 수 있으며, 일어를 잘하지 않더라도 영어 실력만 있으면 취업이 가능하다. 이 책은 우리가 제대로 알지 못했던 일본 취업 정보를 완벽히 분석했다. 일본 직장생활의 장점과 취업 준비 노하우를 공유하여 생애 첫 일자리를 찾으려는 취업 준비생이나 이직을 꿈꾸는 사회초년생 및 경력사원, 글로벌 커리어를 꿈꾸는 모든 젊은이에게 일본 기업에 취업할 수 있는 성공 전략을 제시한다.

꿈을 향해
거침없이
나아가는
실행력!

미친 실행력
박성진 지음 | 13,800원

지방대 출신, 공모전 기록 전무,
토익점수 0점의 저질 스펙 소유자!
미친 실행 하나로 국내 최고 유통 기업의 TOP이 되다!

"꿈과 열정을 가지세요! 생각하는 것만으로도 꿈을 이룰 수 있습니다."
자기계발서에 나오는 단골 멘트다. 저자는 이 말에 동의하지 않는다. 꿈과 열정을 가지고 생각하고 다짐만 한다면 절대 원하는 결과물을 얻을 수 없다. 아무리 뜨거운 열정과 큰 꿈을 가지고 있더라도 실행하지 않으면 아무짝에도 쓸모없는 것이 된다.
당신은 꿈꾸기 위해 태어났는가, 이루기 위해 태어났는가? 아무리 생생하게 꿈꿔도 소용없다. 그것을 실행시키는 사람만이 승자가 된다. 오늘하지 못한 일은 평생 실행하지 못한다. 저자는 '언제 할까?' 고민하지 않고, '지금 당장' 움직이는 미친 실행력으로 인생을 180도 바꿨다. 인생을 바꾸고 싶다면, '지금 즉시, 될 때까지, 미친 듯이' 실행하라!